Impressum
Verlag: BABADADA GmbH, Nedderfeld 112 , 22529 Hamburg
Geschäftsführer / Verlagsleitung: Harald Hof
Druck: Books on Demand GmbH, In de Tarpen 42, 22848 Norderstedt

Imprint
Publisher: BABADADA GmbH, Nedderfeld 112 , 22529 Hamburg, Germany
Managing Director / Publishing direction: Harald Hof
Print: Books on Demand GmbH, In de Tarpen 42, 22848 Norderstedt, Germany

escuela

sukuu

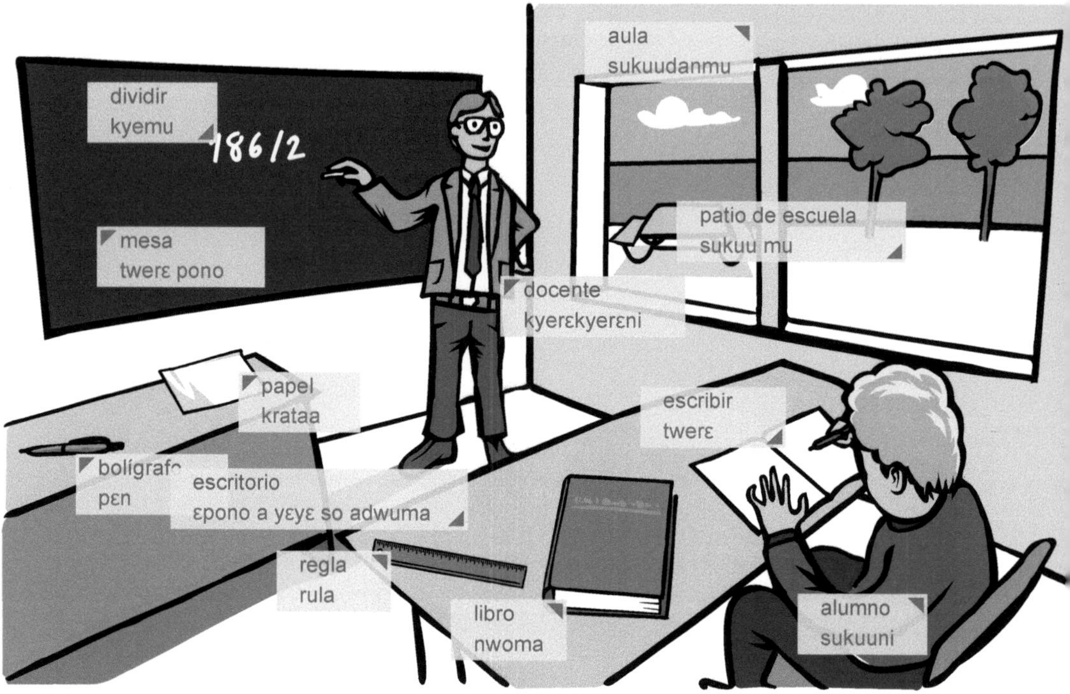
aula
sukuudanmu
dividir
kyemu
186/2
mesa
twerɛ pono
patio de escuela
sukuu mu
docente
kyerɛkyerɛni
papel
krataa
escribir
twerɛ
bolígraf
pɛn
escritorio
ɛpono a yɛyɛ so adwuma
regla
rula
libro
nwoma
alumno
sukuuni

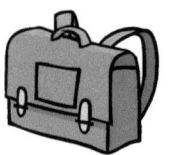

mochila escolar

baage

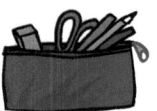

caja de lápices

twerɛdua konko

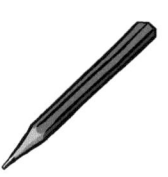

lápiz

twerɛdua

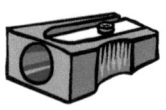

sacapuntas

deɛ yɛde sensen twerɛdua ano

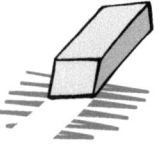

goma de borrar

rɔba

bloc de dibujo

krataa a yɛdwi adeguso

dibujo

adedwie

pincel

penti brɔhye

caja de pinturas

penti adaka

tijera

apasoɔ

pegamento

aman

libro de ejercicios

nwoma a yɛyɛ mu adwuma

tarea

efie adwuma

número

nɔma

sumar

kabom

restar

te fri mu

multiplicar

mmɔho

calcular

sese

letra

lɛtɛ

alfabeto

ntwerɛeɛ

palabra

asɛmfua

texto

ntwerɛdeɛ

leer

kenkan

tiza

kyɔk

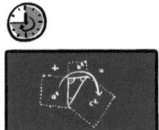

lección

adesua

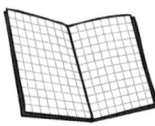

libro de clase

twerɛ wo din

examen

nsɔhwɛ

certificado

abodinkrataa

uniforme escolar

sukuu ataadeɛ

educación

adesua

enciclopedia

nyansa nwoma

universidad

suapɔn

microscopio

maakroskop

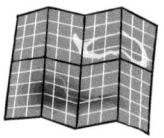

mapa

map

cesto de papeles

kɛntɛn a yɛde krataa nwura
gu mu

viaje
akwantuo

hotel
ahɔhogyebea
Grand
albergue
hostɛl
ROOMS
EXCHANGE
casa de cambio
baabi a yɛ sesa sika
maleta
potomanto
auto
kaa

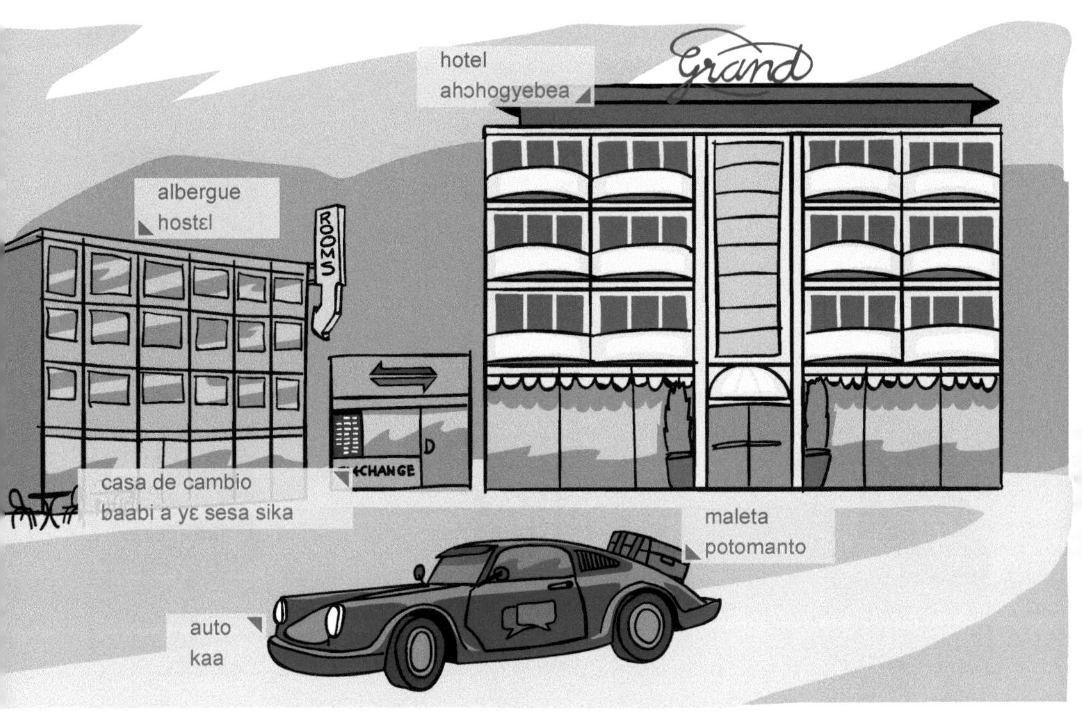

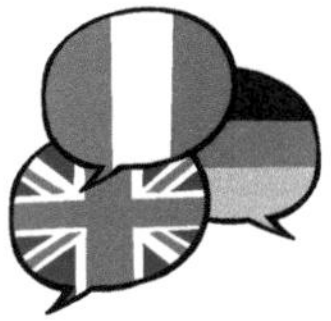

idioma
....
kasa

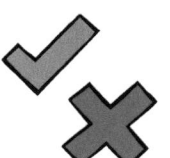

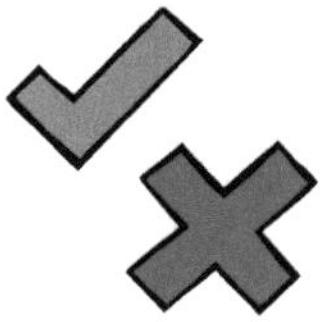

sí / no
....
aane / dabi

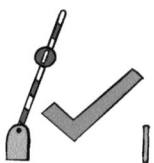

ok
....
Yoo

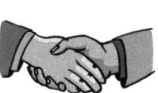

hola
....
hɛlo

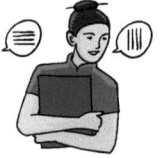

intérprete
....
kasa asekyerɛfoɔ

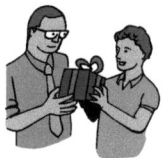

gracias
....
Medaase

¿Cuánto cuesta…?

...bɔɔ yɛ sɛn?

No entiendo

Me nte aseɛ

problema

ɔhaw

¡Buenas tardes!

Maadwo!

¡Buenos días!

Maakye!

¡Buenas noches!

Dayie!

adiós

baibai o

dirección

akwankyerɛ

equipaje

wo nneɛma

bolso

bɔtɔ

mochila

akyirebɔtɔ

invitado

ɔhɔhoɔ

cuarto

danmu

saco de dormir

bɔtɔ a yɛda mu

tienda de campaña

ntomadan

información al turista

nsɛm dema wɔn a wɔkɔ nsrahwɛ

playa

mpoano

tarjeta de crédito

kaade a yɛde yi sika

desayuno

anɔpa aduane

almuerzo

awua aduane

cena

anwumerɛ aduane

pasaje

tiket

ascensor

pegya

sello

stamp

límite

ɛhyeɛ so

aduana

kutɔmfoɔ

embajada

embasi

visa

visa

pasaporte

passpɔt

transporte
akɔneabadie

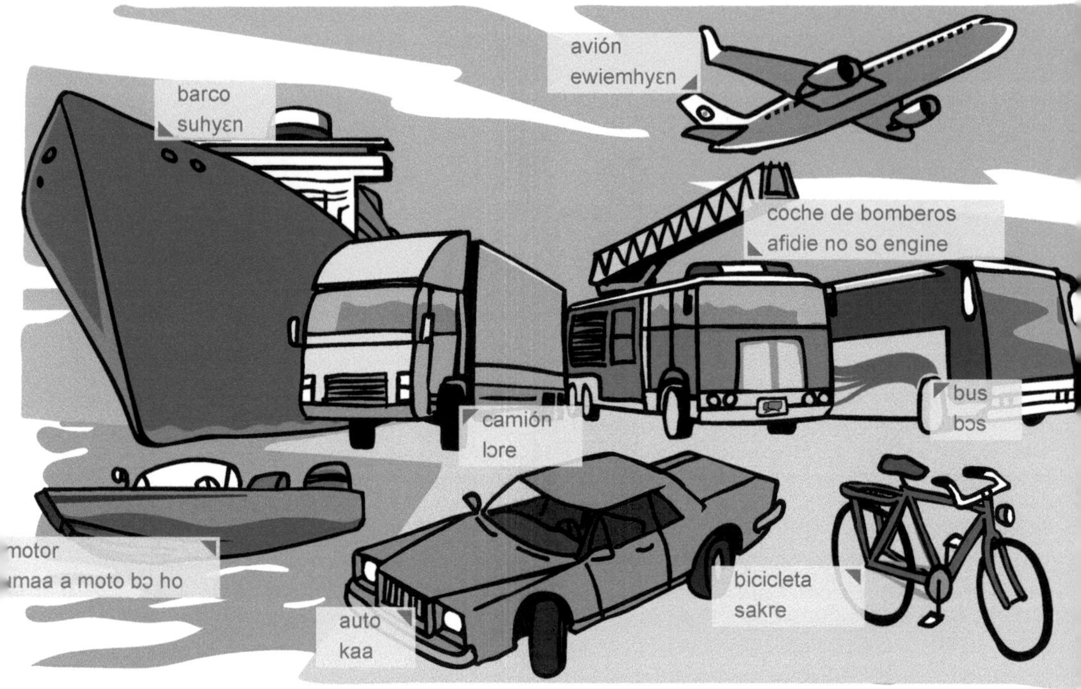
avión
ewiemhyɛn
barco
suhyɛn
coche de bomberos
afidie no so engine
camión
lɔre
bus
bɔs
motor
maa a moto bɔ ho
bicicleta
sakre
auto
kaa

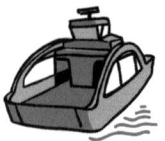

balsa

hyɛma

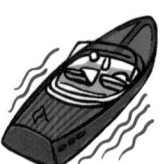

lancha

suhyɛn kumaa

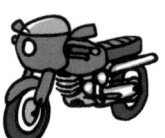

motocicleta

motosakre

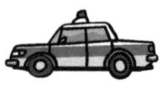

auto de policía

polisifoɔ kaa

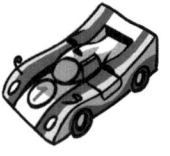

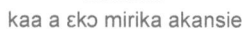

auto de carreras

kaa a ɛkɔ mirika akansie

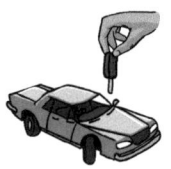

auto de alquiler

kaa a yɛde ma ahan

alquiler de autos
wɔre kyɛ kaa

grúa
lɔre a asɛɛ

vehículo recolector de basura
bɔɔla kaa

motor
moto

gasolina
pɛtro

gasolinera
baabi a yɛbu pɛtro

señal de tráfico
trafik ahyɛnsodeɛ

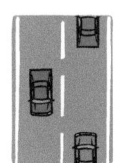

tránsito
trafik

atasco
trafik akye

estacionamiento
baabi a yɛde kaa esi

estación de tren
keteke gyinabea

carril
keteke kwan

tren
keteke

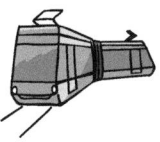

tranvía
tram

vagón
ponkɔ kaa

helicóptero
helikopta

aeropuerto
ewiemhyɛnbea

torre
abansoro

pasajero
apasingyani

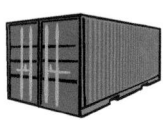

contenedor
tontowa

caja de cartón
adaka

carro
kaate

cesta
kɛntɛn

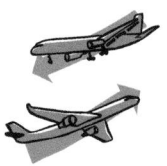

despegar / aterrizar
atu / asi fam

ciudad

kuro kɛseɛ

aldea
akurase

centro de la ciudad
kuro dwaberɛ mu

casa
efie

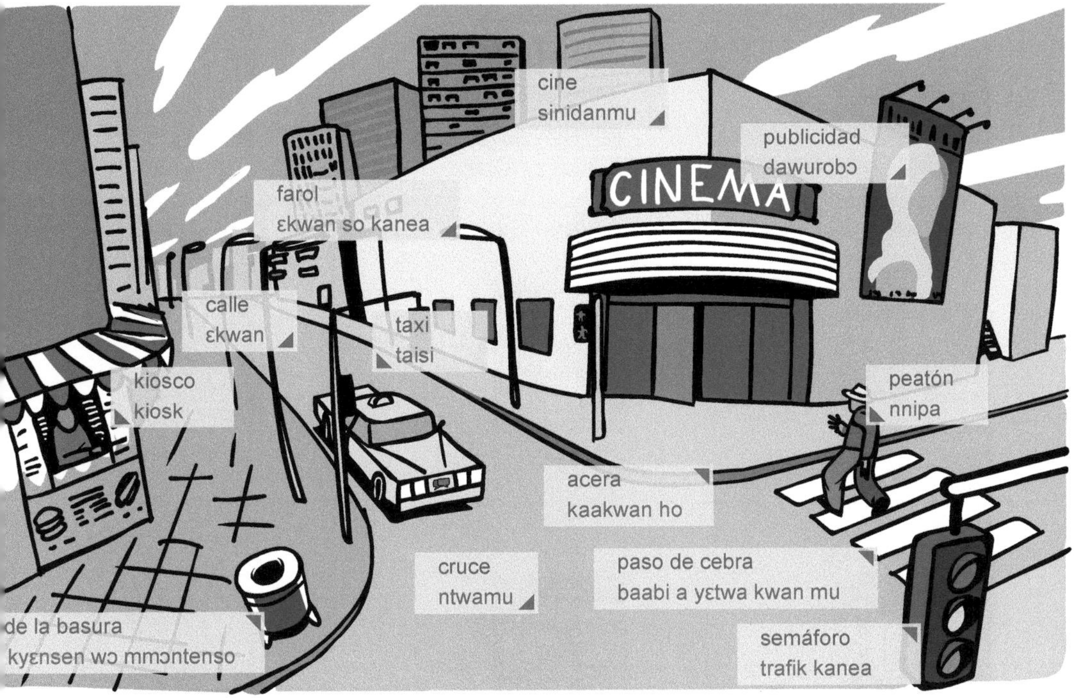

cine
sinidanmu

publicidad
dawurobɔ

farol
ɛkwan so kanea

CINEMA

calle
ɛkwan

taxi
taisi

kiosco
kiosk

peatón
nnipa

acera
kaakwan ho

cruce
ntwamu

paso de cebra
baabi a yɛtwa kwan mu

de la basura
kyɛnsen wɔ mmɔntenso

semáforo
trafik kanea

cabaña
....
apata

apartamento
....
efie

estación de tren
....
keteke gyinabea

ayuntamiento
....
adwaberɛm

museo
....
bea a yɛ kora tete nneɛma

escuela
....
sukuu

universidad

suapɔn

banco

sikakrobea

hospital

ayaresabea

hotel

ahɔhogyebea

farmacia

famasi

oficina

asoeɛ

librería

sotɔɔ a wɔtɔn nwoma

negocio

sotɔɔ

florería

baabi yɛtɔn nhwiren

supermercado

sotɔɔpɔn

mercado

edwam

grandes almacenes

sotɔɔ kɛseɛ

pescadería

baabi a yɛtɔn mpataa

centro comercial

dwadibea kɛseɛ

puerto

suhyɛn gyinabea

ciudad - kuro kɛseɛ

parque

baabi kaa gyina

banco

bɛnkye

puente

ɛtwene

escalera

atwedeɛ

metro

asaase ase

túnel

ɛbɔn

parada de autobuses

baabi a bɔs gyina

bar

nsanombea

restaurante

adidibea

buzón de correo

lɛta adaka

letrero

ɛkwan so akwankyerɛ

parquímetro

baabi kaa gyina ho mita

zoológico

zoo

piscina

nsuo a yɛ dware mu

mezquita

nkramodan

granja

afuo

polución

deɛ egu mmɔnten so fi

cementerio

asieɛ

iglesia

asɔre

parque infantil

agodibea

templo

asɔre dan

paisaje

mmɔnten so asiesie

hoja
ahaban

indicador de camino
sanbɔd

sendero
kwan

pradera
asaase a ɛsere wɔ so

piedra
boba

caminante
ɔnantefoɔ

árbol
dua

río
asubɔnten

pasto
ɛsere

flor
nhwiren

valle

amenamu

montaña

bepɔ

lago

tadeɛ

bosque

kwaeɛ

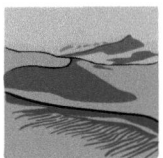

desierto

ɛserɛ so

volcán

egya a efri botan mu

castillo

abankɛseɛ

arco iris

nyankontɔn

seta

emere

palmera

abɛtene

mosquito

ntomntom

mosca

tu

hormiga

ntɛtea

abeja

wowɔ

araña

ananse

escarabajo

amankuo

rana

aponkyerɛni

ardilla

opuro

erizo

apɛsɛ

liebre

adanko

lechuza

patuo

pájaro

anomaa

cisne

nsuo mu dabodabo

jabalí

kɔkɔte

ciervo

adoa

alce

ɔtweenini

embalse

dam

aerogenerador

wind turbine afidie

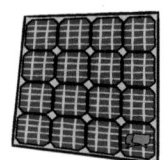

módulo solar

afidie a ɛkye awia

clima

wiem nsakraeɛ

restaurante

adidibea

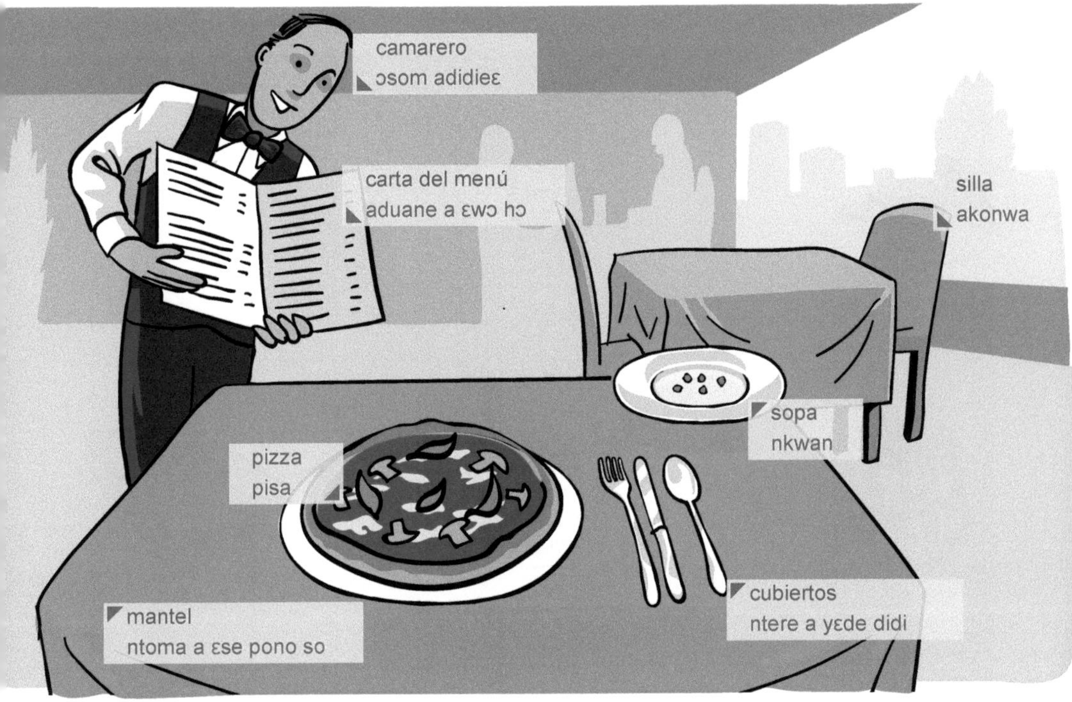

camarero
ɔsom adidieɛ
carta del menú
aduane a ɛwɔ hɔ
silla
akonwa
sopa
nkwan
pizza
pisa
cubiertos
ntere a yɛde didi
mantel
ntoma a ɛse pono so

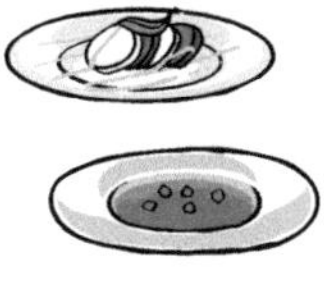

entrada

mprampra anom

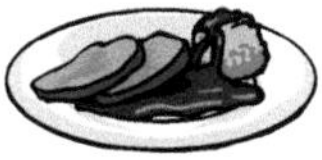

plato principal

aduane no ankasa

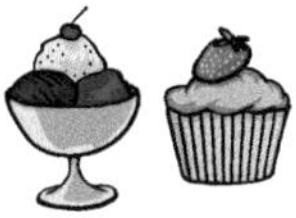

postre

mpa anom

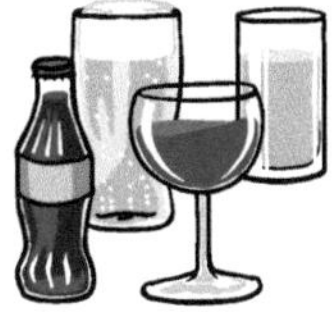

bebida

nsa

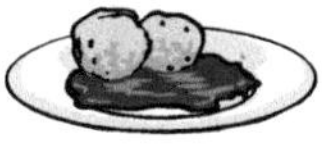

comida

aduane

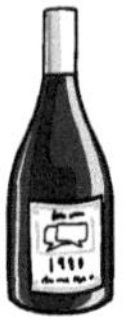

botella

toa

comida rápida

aduane hyewhyew

comida callejera

abɔnten so aduane

tetera

tii kukuo

azucarera

asikyire konko

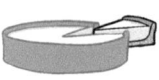

porción

wo kyɛfa

máquina de espresso

espresso afidie

silla alta

akonwa tenten

factura

wo ka

bandeja

apanpan

cuchillo

sekan

tenedor

adinam

cuchara

atere

cuchara de té

atere ketewa

servilleta

napkin a yɛde pepa ano

vaso

glase

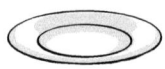

plato

prɛte

plato de sopa

kwan kyɛnsee

platillo

prɛte ketewa

salsa

abomu

salero

nkyene kukuo

molinillo para pimienta

yɛde yam mako

vinagre

fenega

aceite

anwa

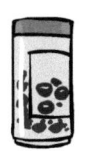

especias

aduhwam

ketchup

kɛkyɔp

mostaza

mustad

mayonesa

mayones

supermercado
sotɔɔpɔn

oferta
ntesoɔ soronko
FOR
cliente
adetɔfoɔ
productos lácteos
nanatwie nufusuo
fruta
aduaba
carrito de compras
hwiili

BUTCHERS

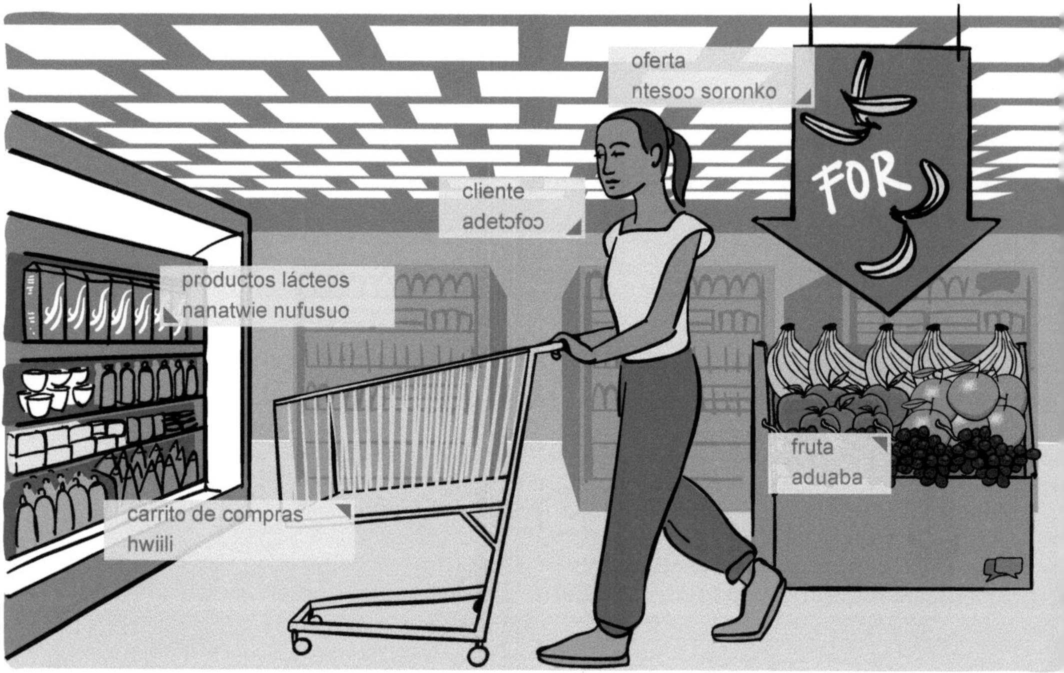

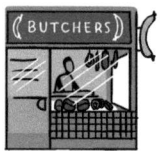

carnicería

baabi a yɛtɔn nam

BAKERY

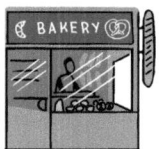

panadería

baabi a yɛtɔn paano

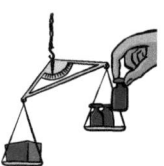

pesar

susu

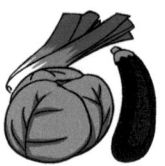

verdura

atosodeɛ

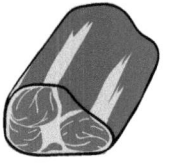

carne

nam

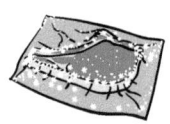

alimentos congelados

frigyemu aduane

fiambre
nam a adwoɔ

conservas
kyɛnsee mu aduane

detergente en polvo
paoda samena

dulces
adedɔkɔdɔkɔ

artículos domésticos
efie nneɛma

productos de limpieza
adetoneɛ a yɛde pepa fin

vendedora
nnipa a ɔtɔn adeɛ

caja
afidie a egye sika

cajero
ɔgyegye sika

lista de compras
krataa a wodi rekɔ di dwa

horario de atención
berɛ a wɔde bua

cartera
sikabotɔ

tarjeta de crédito
kaade a yɛde yi sika

maleta
baage

bolsa plástica
rɔba baage

agua

nsuo

jugo

aduaba mu nsuo

leche

nufusuo

refresco de cola

kok

vino

wain nsa

cerveza

biya

alcohol

mmorosa

cacao

kokoo

té

tii

café

kofe

espresso

espresso

cappuccino

kapukyino

banana

kwadu

manzana

apol

naranja

ankaa

sandía

melon

limón

akutoɔ

zanahoria

karɔt

ajo

garlik

bambú

pampro

cebolla

gyeene

seta

mmere

nueces

nkateɛ

fideos

talia

espagueti

spageti

arroz

ɛmo

ensalada

salad

patatas fritas

kyipis

patatas salteadas

abrɔdwomaa a y'akye

pizza

pisa

hamburguesa

hambɔga

sándwich

sanwekye

escalope

nam a dompe nnim

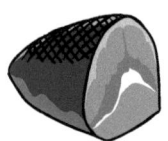

jamón

preko nam

salame

nam a y'ahata

embutido

sɔsege

pollo

akokɔ

asado

toto

pescado

apataa

copos de avena

oosu koko

musli

muesli

copos de maíz tostado

konflese

harina

esam

croissant

krossant

panecillo

paano a y'abobɔ

pan

paano

tostada

paano a y'atoto

galletas

biskete

mantequilla

bɔta

cuajada

nufusuo a ada

pastel

keeke

huevo

kosua

huevo frito

kosua a y'akyeɛ

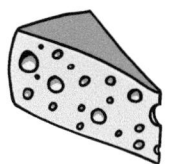

queso

kyiis

helado

asskrim

azúcar

asikyire

miel

ɛwoɔ

mermelada

gyaam

praliné

kyokolete

curry

kɔri

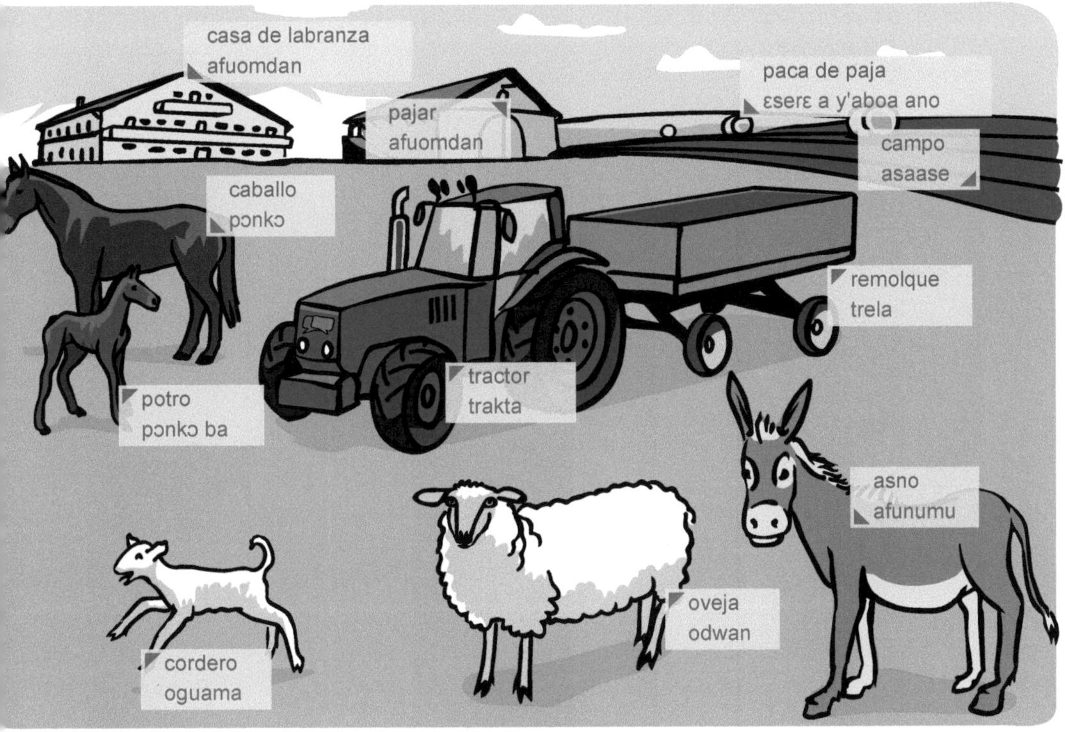

casa de labranza
afuomdan

paca de paja
εsεrε a y'aboa ano

pajar
afuomdan

campo
asaase

caballo
pɔnkɔ

remolque
trela

potro
pɔnkɔ ba

tractor
trakta

asno
afunumu

cordero
oguama

oveja
odwan

cabra

apɔnkye

vaca

nantwie

ternero

nantwie ba

cerdo

prɛko

lechón

prɛko ba

toro

nantwinini

ganso

dabodabo nua

pato

dabodabo

polluelo

akokɔba

pollo

akokɔbedeɛ

gallo

akokɔnini

rata

kusie

gato

ɔkra

ratón

akura

buey

nantwinini

perro

kraman

caseta del perro

kraman buo

manguera de riego

afuom drobɛn

regadera

tontora a yɛde gu nsuo

guadaña

sekan a yɛde twa aburo

arado

funtum dadeɛ

hoz

kɔntɔnkrɔ

azada

asɔ

bieldo

afuom adinam

hacha

akuma

carretilla

hweebaro

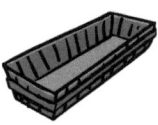

abrevadero

adidika

lechera

nufusuo konko

saco

bɔtɔ

cerca

ɛban

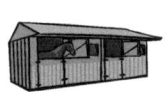

establo

pɔnkɔ dan

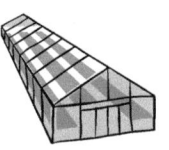

invernadero

ntomadan a yɛyɛ mu afuo

suelo

anwea

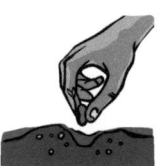

semilla

aba

fertilizante

ɔyɛ asaaseyie

cosechadora

otwaberɛ trakta

cosechar

twa

cosecha

otwaberɛ

raíz de ñame

bayerɛ

trigo

ayuo

soja

soya

patata

abrɔdwomaa

maíz

aburo

colza

repu aba

Árbol frutal

dua a ɛso aba

mandioca

bankye

cereales

aburo asefoɔ

casa
efie

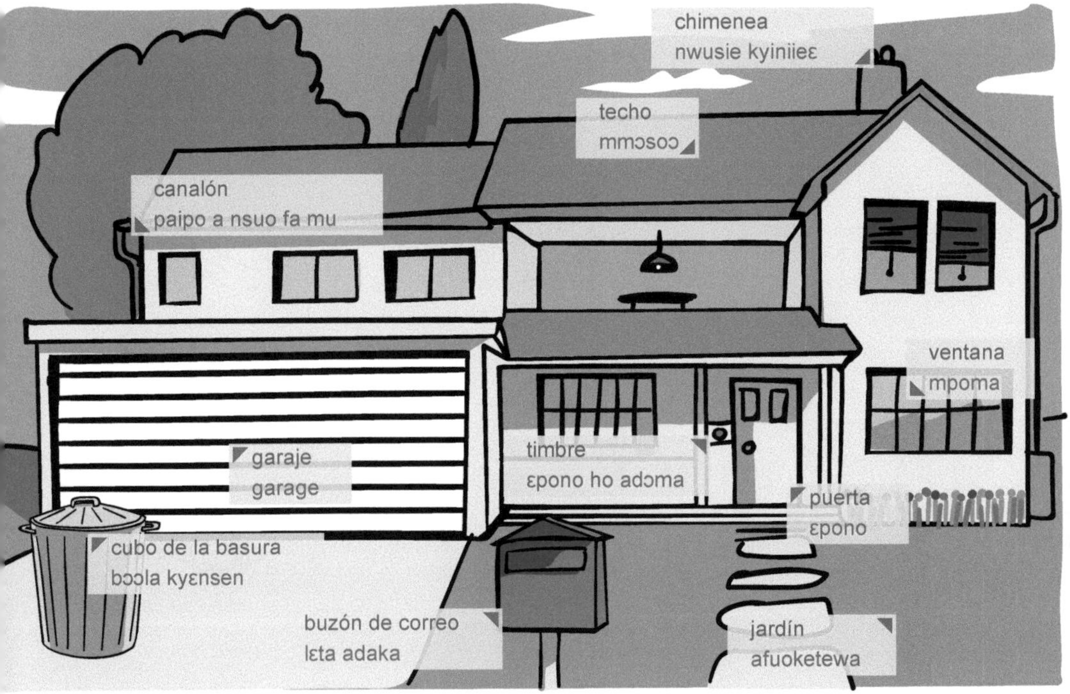
chimenea
nwusie kyiniieɛ
techo
mmɔsoɔ
canalón
paipo a nsuo fa mu
ventana
mpoma
garaje
garage
timbre
ɛpono ho adɔma
puerta
ɛpono
cubo de la basura
bɔɔla kyɛnsen
buzón de correo
lɛta adaka
jardín
afuoketewa

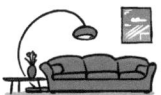

cuarto de estar
asaso

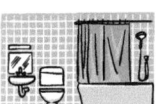

cuarto de baño
adwareɛ

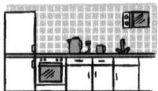

cocina
mukaase

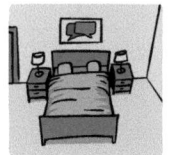

dormitorio
pie mu

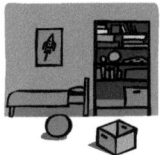

cuarto de los niños
nkwadaa dan mu

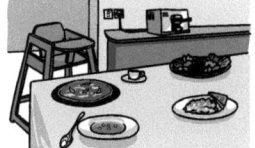

comedor
dan a yɛdidi mu

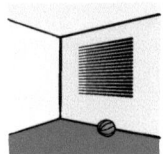

piso

ɛfam

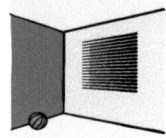

pared

ɛban

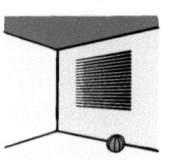

cielorraso

abruuso

sótano

danbloo

sauna

adwereɛ a ɛbɔ ɔhyew

balcón

abranaa

terraza

abranaaso

piscina

nsuo a yɛdware mu

cortacésped

afidie a yɛde dɔ

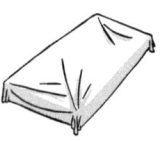

funda nórdica

nsɛfam

edredón

ntoma a ɛse kɛtɛ so

cama

mpa

escoba

pɪrayɛ

cubo

bokiti

interruptor

dane

cuarto de estar

asaso

papel para empapelar
krataa a ɛfam dan ho
imagen
nfonin
lámpara
kanea
estante
kɔbɔd
gabinete
kɔbɔd adaka
televisor
tiivi
hogar
egya dabrɛ
flor
nhwiren
cojín
kuhyɛn
sofá
akonwa kɛseɛ
florero
kukuo a nhwiren hye mu
control remoto
remote

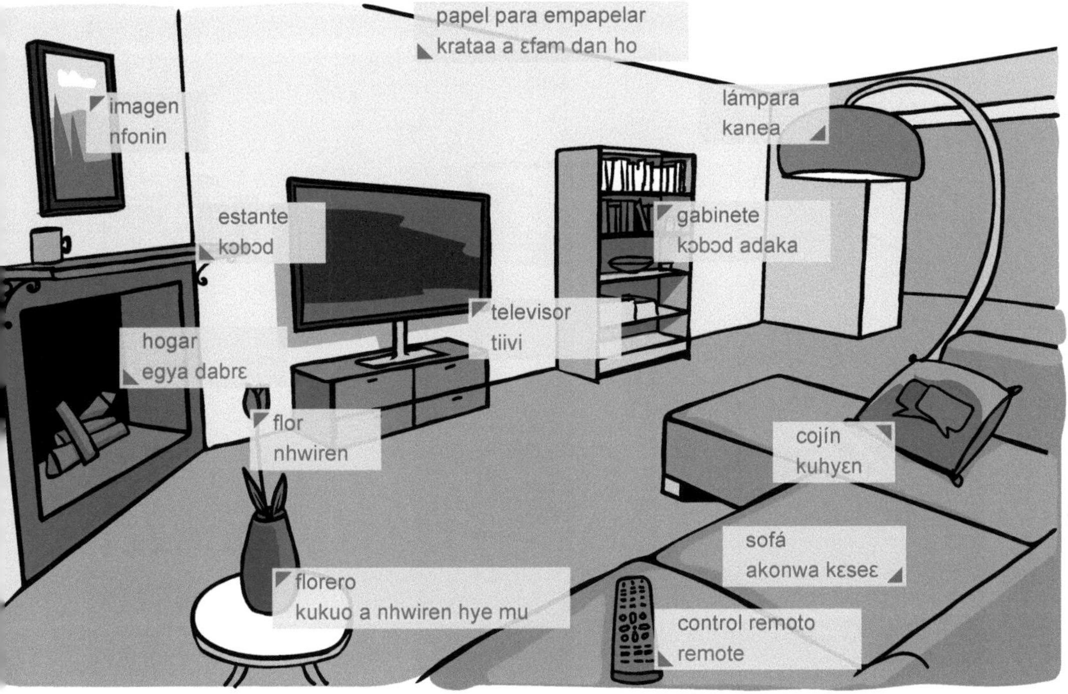

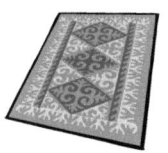

alfombra

kapɛte

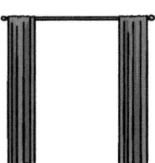

cortina

ntwaa dan mu

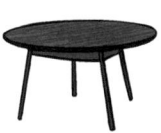

mesa

ɛpono

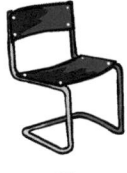

silla

akonwa

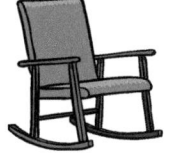

mecedora

akonwa a ehinhim

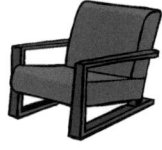

sillón

akonwa a yɛgyegye dan

libro

nwoma

frazada

kuntu

decoración

dan mu nsiesie

leña

egya

film

sini

equipo estereofónico

wailɛs

llave

safoa

periódico

koowaa krataa

cuadro

nfonin a y'adwi

póster

nfam danho

radio

radio

bloc de notas

krataa a yɛ twere mu

aspiradora

afidie a ɛprapra

cactus

kaktus

vela

kyɛnere

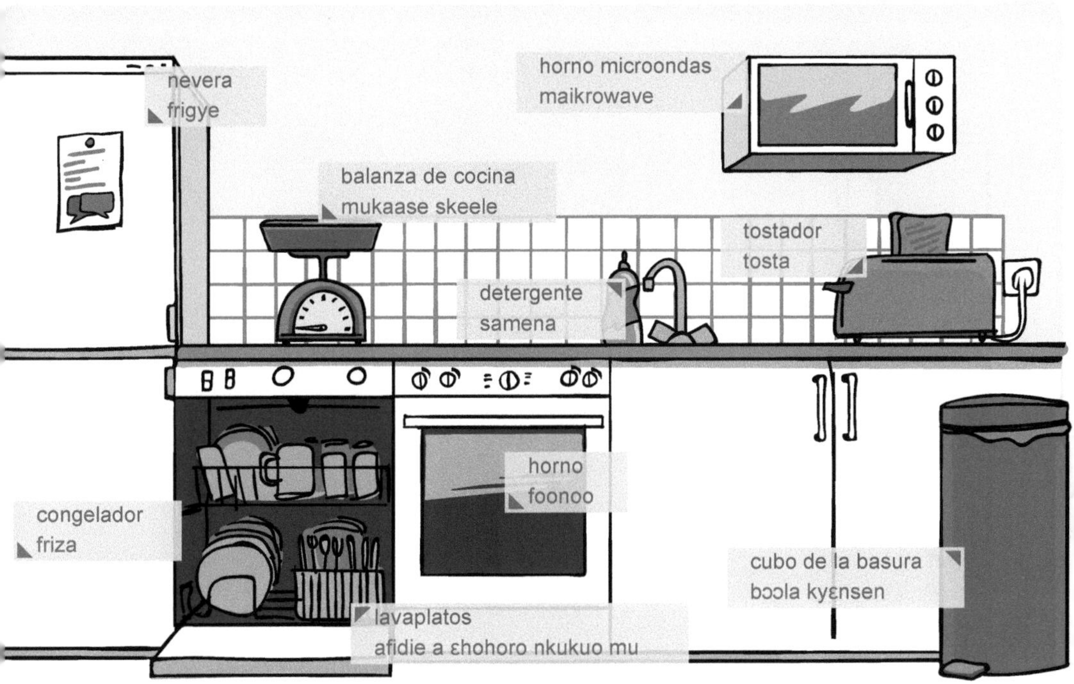

nevera
frigye

horno microondas
maikrowave

balanza de cocina
mukaase skeele

tostador
tosta

detergente
samena

congelador
friza

horno
foonoo

cubo de la basura
bɔɔla kyɛnsen

lavaplatos
afidie a ɛhohoro nkukuo mu

cocina

abɛɛfo bukyea

olla

kokuo

olla de fundición de hierro

dadesɛn

wok / kadai

wok / kadai

sartén

kyɛnsee

hervidor de agua

nsuo hyeɛ afidie

olla de vapor

stiima

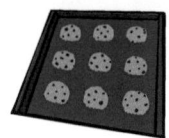

bandeja de horno

apa a yɛ to so adeɛ

vajilla

prɛte, kuruwa, ntere ne nea ɛkeka ho

vaso

kuruwa a etumi bɔ

bol

kyɛnsee

palillos para comer

nnua a yɛde didi

cucharón de sopa

kwantre

espátula

dua atere

batidor

yɛde nu adeɛ mu

colador

sɔneɛ

cedazo

fefe

rallador

greta

mortero

waduro

parrillada

kyinkyinga

fogata

bukyea

tabla de picar

ɛpono a yɛ twitwaso adeɛ

rodillo

ɛta

sacacorchos

deɛ yɛtu nsa so

lata

konko

abrelatas

deɛ yɛde bue konko so

agarrador

yɛde sɔ kukuo mu

fregadero

sink

cepillo

brɔhye

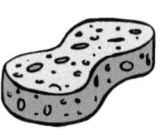

esponja

sapɔ

batidora

aduane yam fidie

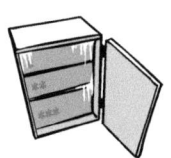

arcón congelador

friza nini

biberón

toa a abɔdoma nom ano

grifo

paipo

cuarto de baño

adwareɛ

ducha
hyawa
calefacción
ɔhyewbɔ
toalla
bɔɔloba
cortina para ducha
ntoma etwa hyawa mu
baño de espuma
ahuro a yɛdware mu
bañera
pan a yɛdware mu
vaso
glase
lavadora
afidie a esi nnɛma
grifo
paipo
baldosa
tiailse
orinal
kuraba
fregadero
sink

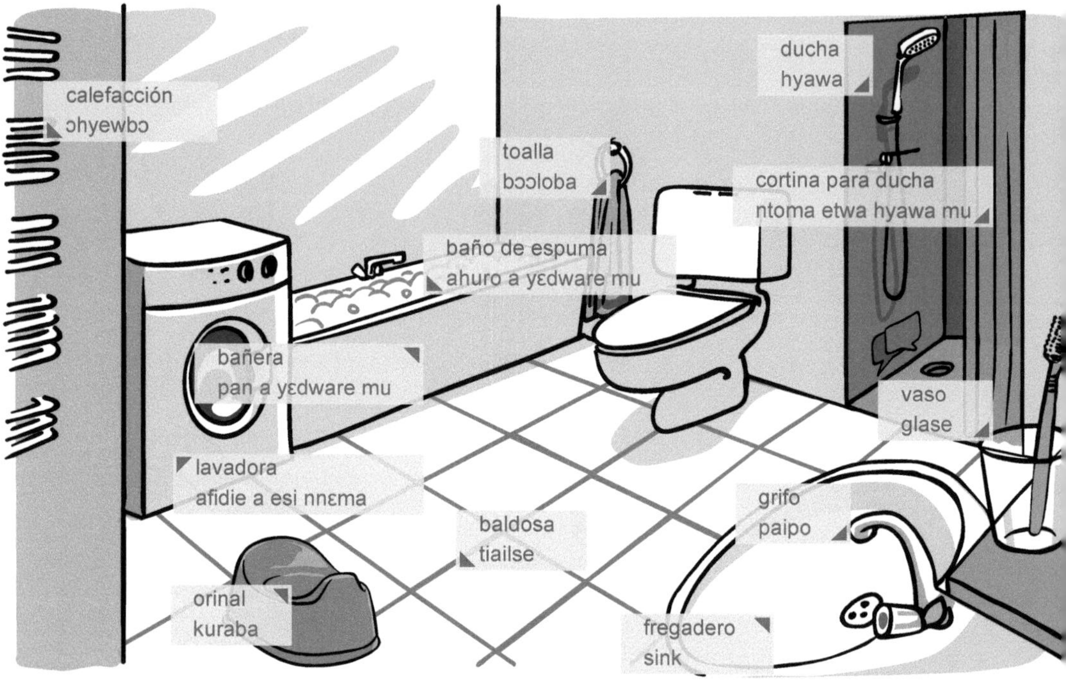

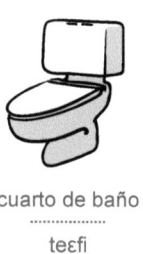

cuarto de baño

teɛfi

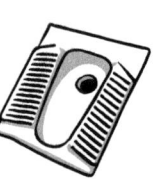

placa turca

teɛfi a yɛ koto so

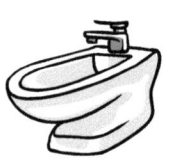

bidé

bidet teɛfi

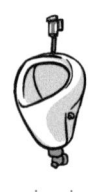

urinario

dwonsɔ dan

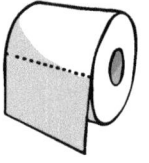

papel higiénico

teɛfi so krataa

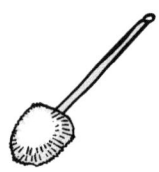

escobilla para el cuarto de baño

teɛfi so brɔhye

cepillo de dientes

brɔhye a yɛde twitwiri see

pasta dentífrica

aduro a yɛde twitwiri see

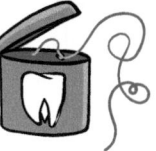

seda dental

yɛde yiyi ɛsee mu

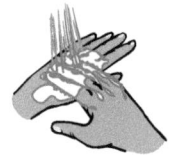

lavar

si

ducha teléfono

hyawa a yɛsɔ mu

ducha higiénica

paipo a yɛde hohoro ananmu

cuenco

bokiti

cepillo para la espalda

brɔhye a wode dware w'akyi

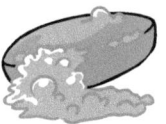

jabón

samena

gel de ducha

hyawa samena

champú

nsuo samena

manopla para baño

flanɛl ntoma

desagüe

baabi a nsu fa pue

crema

nku

desodorante

yɛde fefa amotoamu

espejo

ahwehwɛ

espejo de maquillaje

ahwehwɛ a yɛsɔ mu

máquina de afeitar

bled

espuma de afeitar

ahuro a yɛde yi nwi

loción para después del afeitado

aduro a yɛde fefa baabi a wo ayi nwi

peine

afen

cepillo

brɔhye

secador para cabello

afidie a ɛwo nwi

laca de peinado

enwi sopre

maquillaje

pɔns

lápiz labial

lipstike

laca para uñas

penti a yɛde mɔreɛ so

algodón

asaawa

tijera para uñas

apasɔɔ a etwa mmɔreɛ

perfume

aduhwam

neceser

adwareɛ baage

taburete

edwa

balanza

skele

bata de baño

adwereɛ ataadeɛ

guantes de goma

rɔba a yɛde hyɛ nsa ho

tampón

tampon

compresa

abɛɛfo amonsen

wáter químico

teɛfi a aduro gum

cuarto de los niños
nkwadaa dan mu

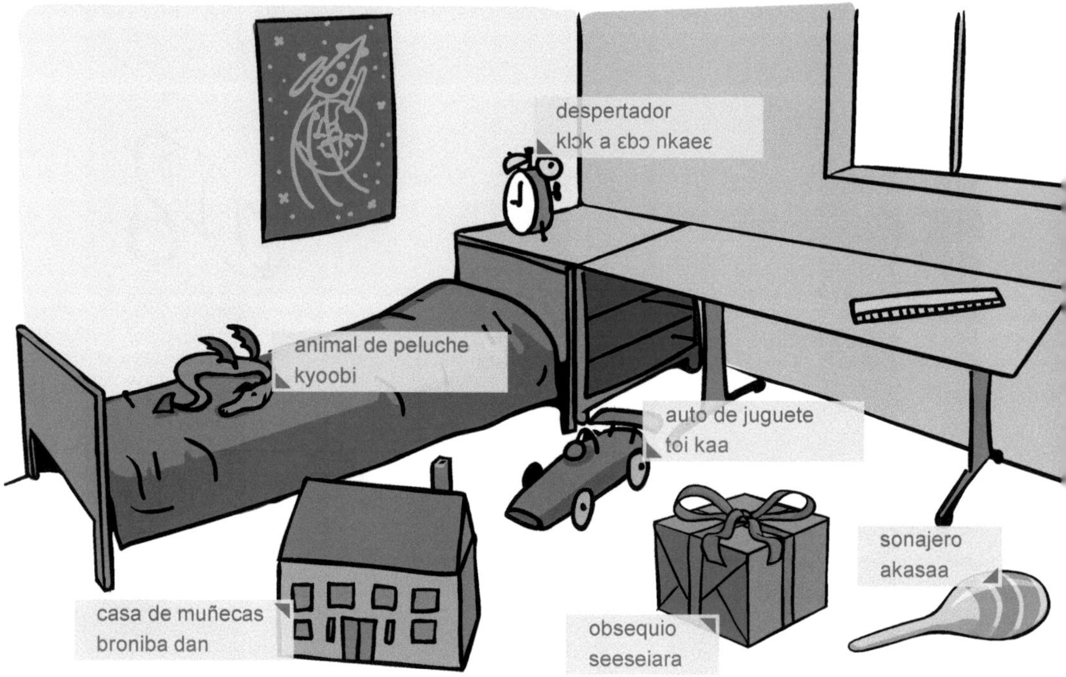
despertador
klɔk a ɛbɔ nkaeɛ
animal de peluche
kyoobi
auto de juguete
toi kaa
sonajero
akasaa
casa de muñecas
broniba dan
obsequio
seeseiara

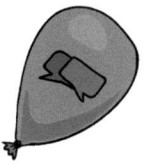

globo

baaluu

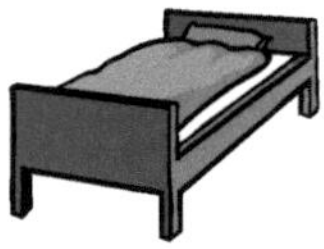

cama

mpa

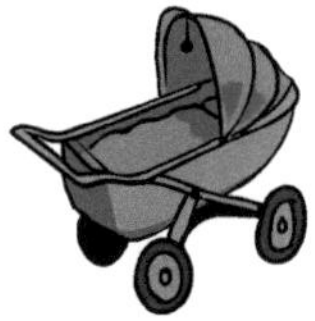

cochecito para niños

nkwadaa kaa

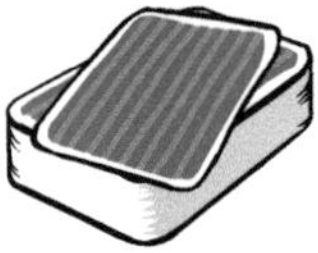

juego de barajas

sopaa

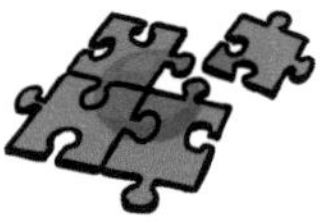

rompecabezas

gyiksɔɔ

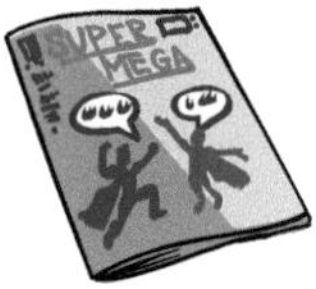
SUPER MEGA

cómic

nsɛnkwa

piezas de Lego

lego blɔg

bloques para jugar

blɔg a yɛde si dan

figura de acción

nnipa ɔbɔhye

pijama de una pieza

abɔdoma ataadeɛ

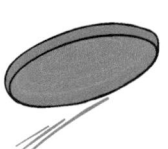

frisbee

frisbee

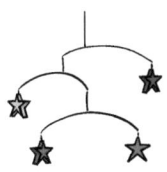

móvil

mobail

juego de mesa

ponoso agodie

dado

daahye

tren eléctrico a escala

nkwadaa keteke

chupete

koliko

fiesta

apontoɔ

libro de dibujos

nfonin nwoma

pelota

bɔɔlo

títere

broniba

jugar

di agorɔ

arenero

anwea adaka

columpio

adonko

juguetes

tois

consola de videojuego

video agodie apaawa

triciclo

sakre a ne nan meɛnsa

osito de peluche

kyoobi

guardarropa

wɔdropo

vestimenta

ntaadeɛ

calcetines

sɔks

medias

stokens

panti

sekentait

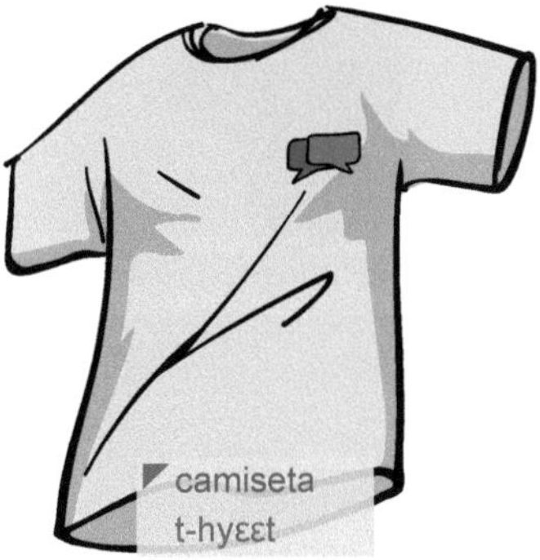

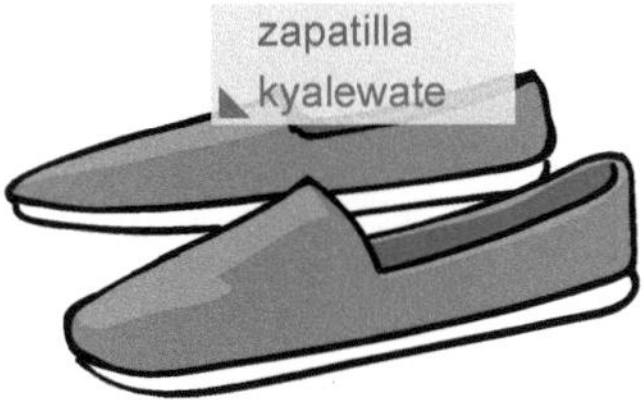

chal
duku

cinturón
bɛlɛte

paraguas
kyinieɛ

camiseta
t-hyɛɛt

botas
mpaboa

zapatilla
kyalewate

deportivas
kamboo

sandalias
....
asopatre

zapatos
....
mpoboa

botas de goma
....
rɔba mpaboa

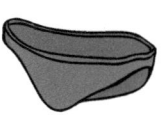

ropa interior
....
ɛtam

corpiño
....
bra

camiseta
....
singlɛte

vestimenta - ntaadeɛ

body

nipadua

pantalón

trɔsa

jeans

gyins

falda

sekɛɛt

blusa

ɛsoro ataadeɛ

camisa

hyɛɛte

pullover

nkatoho a ɛko awɔ

sweater

hoodie

blazer

koot

chaqueta

nkatasɔɔ

abrigo

nkatasɔɔ

impermeable

nsutɔ mu nkataho

traje chaqueta

dwumadie bi ho ataadeɛ

vestido

mmaa atadeɛ

vestido de bodas

ayefrɔ ataadeɛ

traje

kootu

camisón

mmaa ataadeɛ a yɛde da

pijama

pigyamas ataadeɛ

sari

sari

pañuelo de cabeza

duku

turbante

abotire

burka

burka

caftán

kaftan

abaya

nkramofɔɔ mmaa atadeɛ

traje de baño

ataadeɛ a yɛde dware nsuo

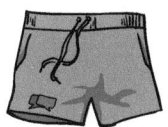

bañador

asenemu ataadeɛ

shorts

nika

chándal

agokansie ntaadeɛ

delantal

akatasoɔ

guante

nsa nkataho

botón

bɔtom

gafa

sopɛɛse

brazalete

ahwnɛɛ

cadena

komadeɛ

anillo

kawa

aro

asomadeɛ

gorra

ɛkyɛ

percha

yɛde koot sɛn so

sombrero

ɛkyɛ

corbata

abɔmene mu

cierre a cremallera

zip

casco

ɛkyɛ denden

tiradores

bresis

uniforme escolar

sukuu ataadeɛ

uniforme

adwuma ataadeɛ

babero

mmɔfra bib

chupete

koliko

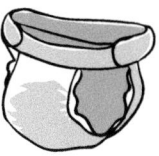

pañal

nkwadaa napken

oficina

asoeɛ

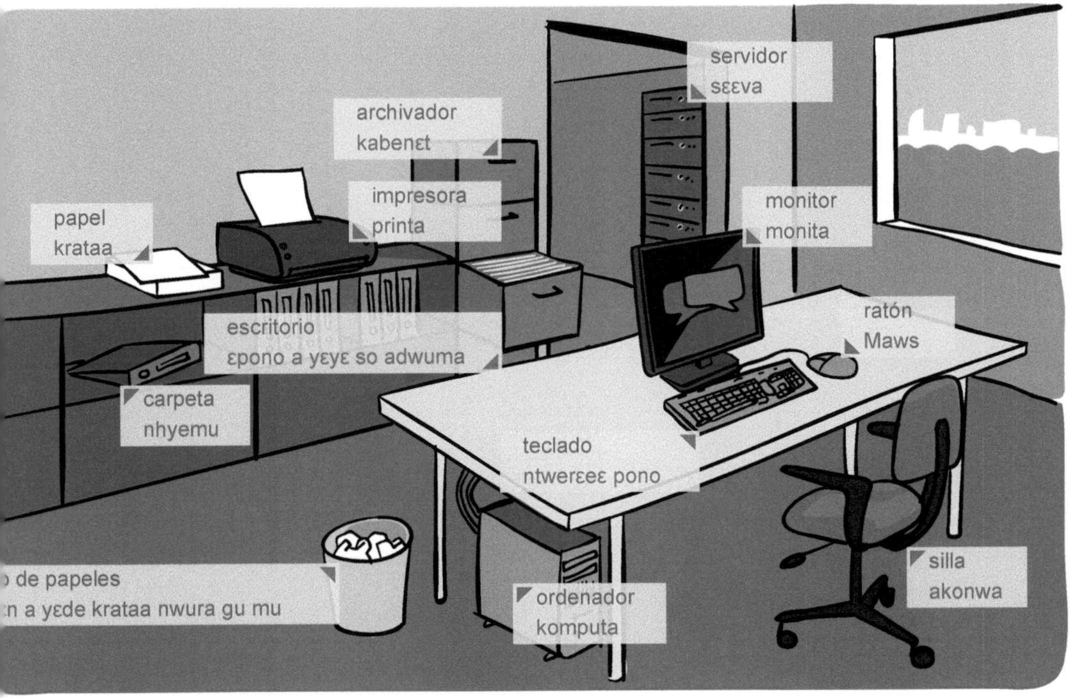

archivador
kabenɛt

servidor
sɛɛva

impresora
printa

papel
krataa

monitor
monita

escritorio
ɛpono a yɛyɛ so adwuma

ratón
Maws

carpeta
nhyemu

teclado
ntwerɛeɛ pono

silla
akonwa

o de papeles
n a yɛde krataa nwura gu mu

ordenador
komputa

taza de café

kɔfe kuruwa

calculadora

akontabuo fidie

internet

intanɛt

laptop

laptop

carta

lɛta

mensaje

nkratɔɔ

teléfono móvil

mobail kasafidie

red

nɛtwɛke

fotocopiadora

fotokɔpi

software

softwɛɛ

teléfono

tetefon

tomacorriente

sɔkɛt

máquina de fax

faks afidie

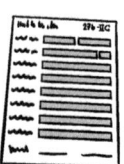

formulario

katraa

documento

nkrataa

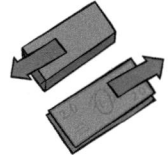

comprar

tɔ

pagar

tua

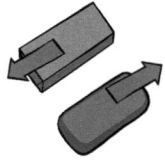

comerciar

di dwa

dinero

sika

 **USD**

dólar

dollar

 **EUR**

euro

euro

 **JPY**

yen

yen

 **RUB**

rublo

rubel

 **CHF**

franco

Swiss franks

 **CNY**

renminbi

renminbi yuan

 **INR**

rupia

rupii

cajero automático

baabi yɛtua sika

casa de cambio

baabi a yɛ sesa sika

oro

sika kɔkɔɔ

plata

dwetɛ

petróleo

now

energía

ahoɔden

precio

ne boɔ

contrato

kontragye

impuesto

ɛtoɔ

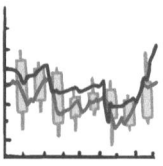

acción

stɔk

trabajar

adwuma

empleado

adwumayɛni

empleador

adwumawura

fábrica

mfididwuma mu

negocio

sotɔɔ

ocupaciones

nwuma ahodoɔ

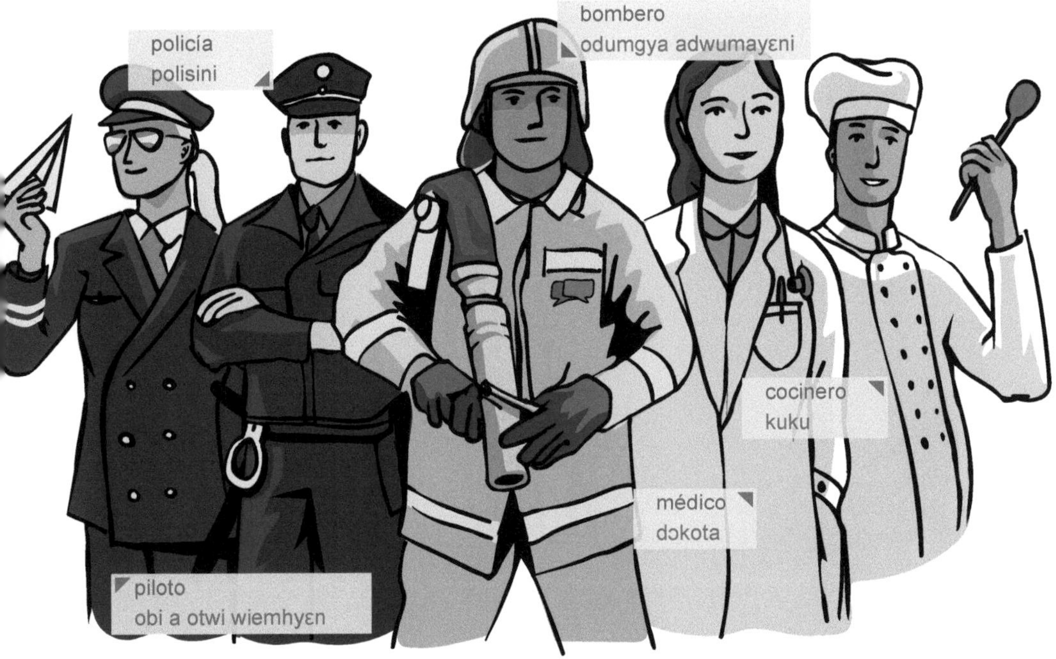
policía
polisini
bombero
odumgya adwumayɛni
cocinero
kuku
médico
dɔkota
piloto
obi a otwi wiemhyɛn

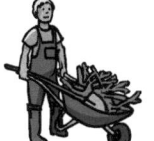

jardinero

ɔyɛ afuo

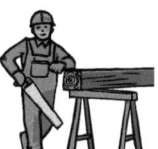

carpintero

dua dwomfoɔ

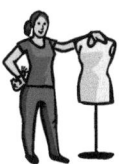

costurera

adepani baa

juez

atɛnmuafoɔ

químico

ɔtɔn nnuro

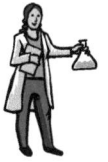

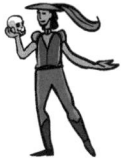

actor

sini yɛfoɔ

conductor de autobús

bɔs drɔba

mujer de la limpieza

ɔbaa a osiesie fie

techista

ɔbɔdanso

camarero

ɔsom adidieɛ

cazador

bɔmɔfoɔ

pintor

penta

panadero

ɔto paano

electricista

ɔyɛ nkaneɛ ho adwuma

albañil

ɔdansifoɔ

ingeniero

inginia

carnicero

ɔdwa nam

fontanero

plɔmba

cartero

krataa manefoɔ

taxista

taisi drɔba

pescador

ɔpofoɔ

soldado

sogyani

arquitecto

ɔdwi adan

cajero

ɔgyegye sika

florista

ɔtɔn nhwiren

peluquero

ɔyɛ tire

cobrador

meeti

mecánico

fitani

capitán

nnipa a otwi suhyɛn

odontólogo

ɛsee dɔkota

científico

abɔdeɛ mu nimdefoɔ

rabino

rabi

imam

kramo panin

monje

ɔsɔfo

párroco

osɔfo

ocupaciones - nwuma ahodoɔ

herramientas
anwenade

martillo
hama
tenazas
playa
destornillador
skrudrɔba
llave de tuercas
sopana
lámpara de mes
abɛɛfo tɛnee

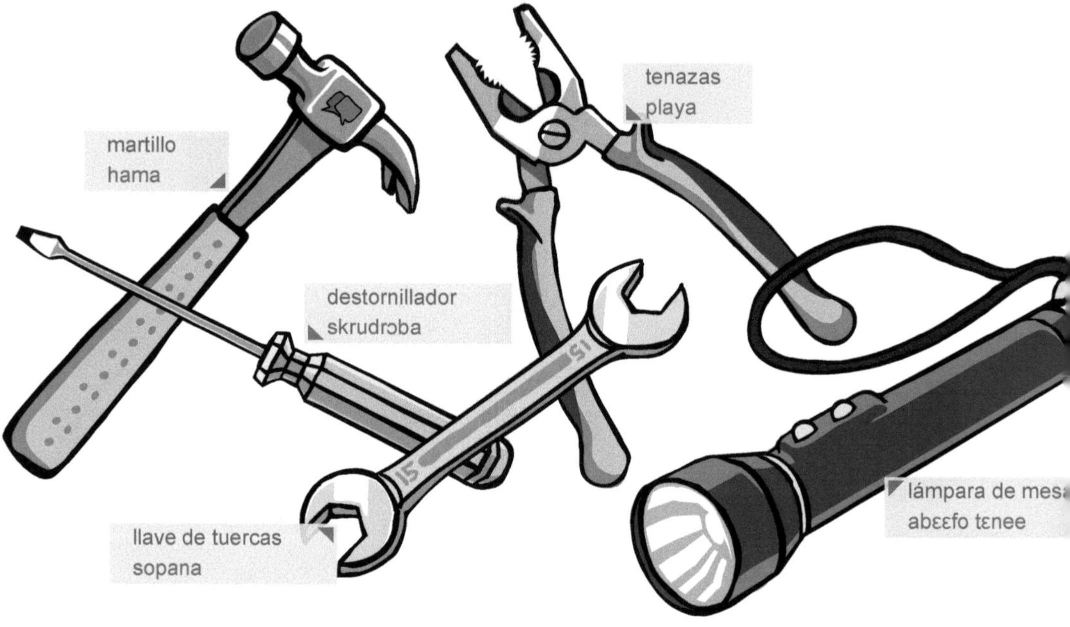

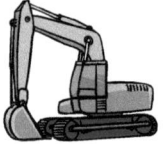

excavadora
otu amena

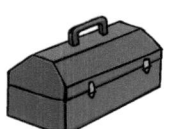

caja de herramientas
anwenade adaka

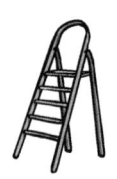

escalerilla
atwedeɛ

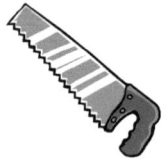

serrucho
asradaa

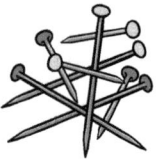

clavos
nnadewa

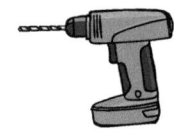

taladro
afidie a yɛde bɔne tokro

reparar
....
siesie

pala
....
sofi

¡Maldición!
....
Ebei!

recogedor
....
asanwura

lata de pintura
....
penti kukuo

tornillos
....
skruu

instrumentos musicales

nneɛma a yɛde bɔ nwom

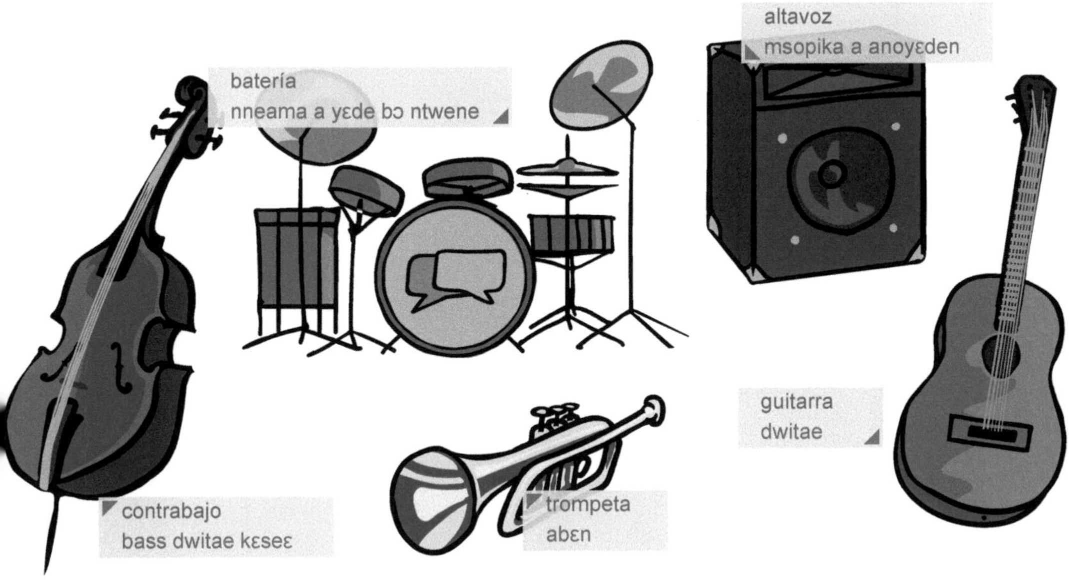

batería
nneama a yɛde bɔ ntwene

altavoz
msopika a anoyɛden

contrabajo
bass dwitae kɛseɛ

trompeta
abɛn

guitarra
dwitae

piano

sankuo

violín

ahoma sankuo

bajo

bass dwitae

timbales

atumpan

tambor

ntwene

teclado

ntwerɛeɛ apa

saxofón

saksofon

flauta

atentenbɛn

micrófono

maikrofon

zoológico

zoo

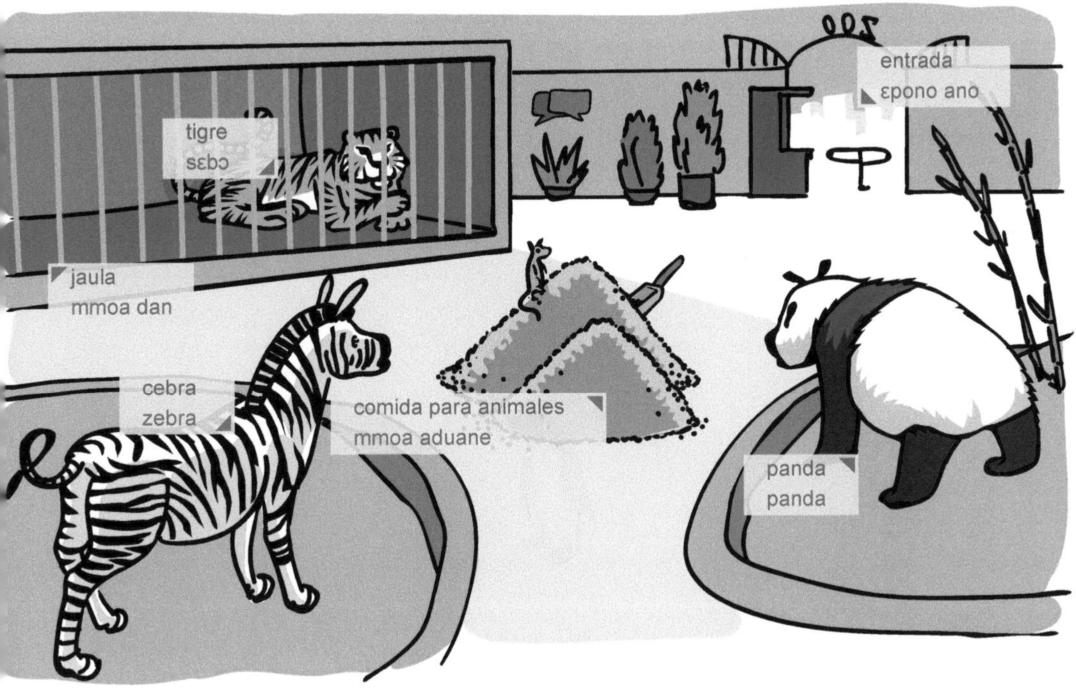

tigre
sɛbɔ
entrada
ɛpono ano
jaula
mmoa dan
cebra
zebra
comida para animales
mmoa aduane
panda
panda

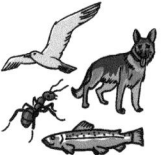

animales

mmoa

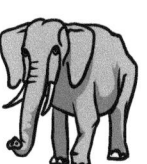

elefante

ɔsono

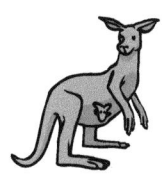

canguro

kangaru

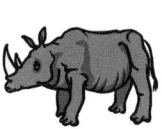

rinoceronte

raino

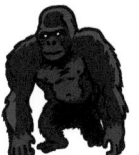

gorila

akatea

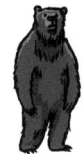

oso

sisire

camello

afunupɔnkɔ

avestruz

sohori

león

gyata

mono

adwee

flamengo

flamingo

papagayo

ako

oso polar

awɔ mu sisire

pingüino

penguin

tiburón

oboodede

pavo real

akɔkonini abankwa

serpiente

ɔwɔ

cocodrilo

dɛnkyɛm

cuidador del zoológico

nnipa ɛhwɛ zoo so

foca

nsuo mu gyata

jaguar

sebɔ

pony
ponkɔ ba

leopardo
etwie

hipopótamo
susuono

jirafa
kɔntenten

águila
ɔkɔdeɛ

jabalí
kɔkɔte

pescado
apataa

tortuga
sudandan

morsa
walrus

zorro
sakraman

gacela
ɔtwee

fútbol americano
Amerikafoɔ futbɔɔlo

ciclismo
skre twie

tenis
tennis

baloncesto
basketbɔɔlo

natación
nsuom adwareɛ

boxeo
akutruku

hockey sobre hielo
asukɔkyea so hɔki

fútbol
futbɔl

badminton
badmintin

atletismo
mirikatuo

balonmano
bɔɔlo a yɛde nsa bɔ

esquí
skii

polo
polo

reír
sere

saltar
huri

abrazar
bam

caminar
nante

cantar
to dwom

soñar
so daeɛ

rezar
bɔ mpaeɛ

besar
fe ano

escribir
twerɛ

dibujar
dwi

mostrar
kyerɛ

presionar
pia

dar
ma

tomar
fa

tener

nya

hacer

yɛ

ser

yɛ

estar de pie

gyina

correr

tu mirika

tirar

twe

arrojar

to

caer

tɔ fam

estar acostado

da hɔ

esperar

twɛn

llevar

soa

estar sentado

tenase

vestirse

hyɛ ataadeɛ

dormir

da

despertar

nyane

mirar

hwɛ

llorar

su

acariciar

san ho

peinarse

nunum

conversar

kasa

entender

te aseɛ

preguntar

bisa

oír

tie

beber

nom

comer

didi

asear

yɛ nsiesie

amar

ɔdɔ

cocinar

noa

conducir

twi

volar

tu

navegar

fa nsuo so

calcular

sese

leer

kenkan

aprender

sua

trabajar

adwuma

casarse

ware

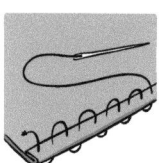

coser

pam

limpiarse los dientes

twitwiri wo se

matar

kum

fumar

nom gyɔt

enviar

mane

familia
abusua

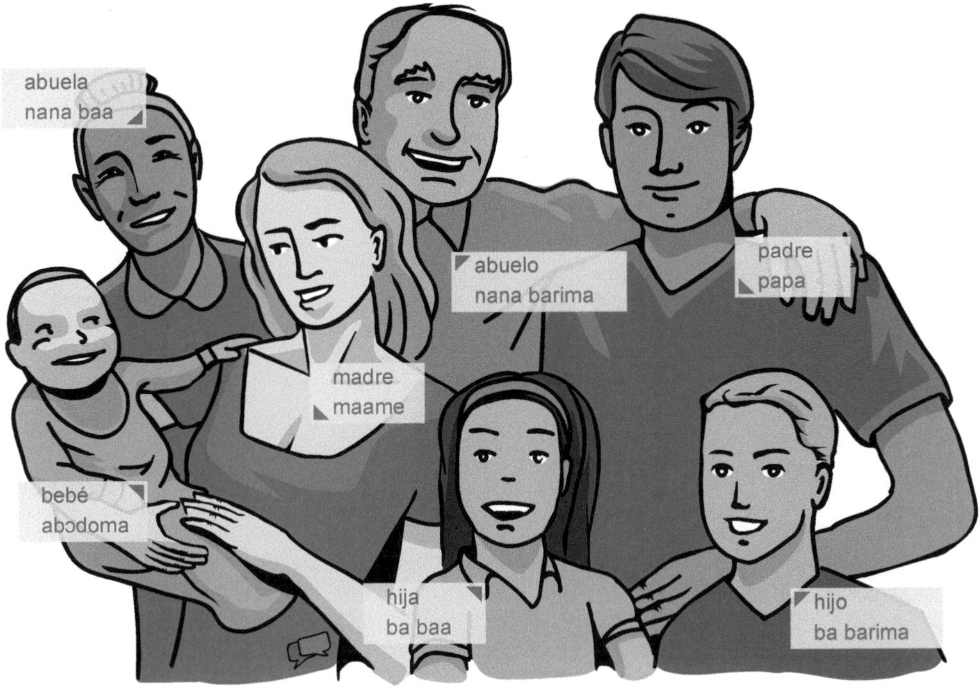

abuela
nana baa
abuelo
nana barima
padre
papa
madre
maame
bebé
abɔdoma
hija
ba baa
hijo
ba barima

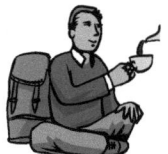

invitado

ɔhɔhoɔ

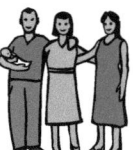

tía

sewaa

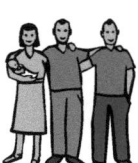

tío

wɔfa

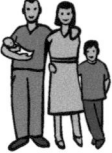

hermano

nua barima

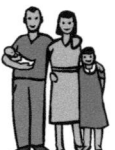

hermana

nua baa

cuerpo
nipadua

frente
moma
ojo
ani
hombro
abɛtire
dedo
nsatea
cara
anim
barbilla
apantan
mano
nsa
pecho
nufoɔ
pierna
ɛnan
brazo
nsa

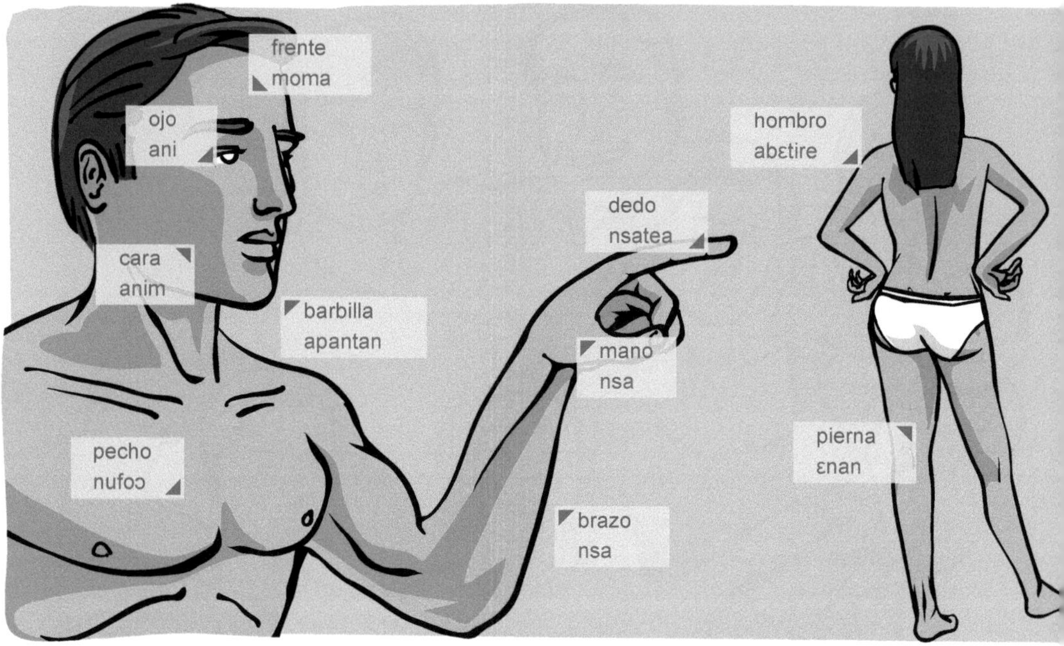

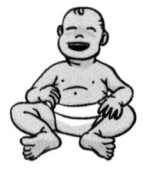

bebé
abɔdoma

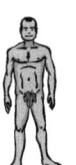

hombre
barima

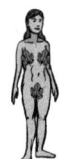

mujer
ɔbaa

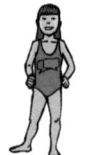

muchacha
abayewa

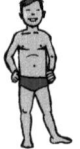

joven
abarimawa

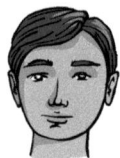

cabeza
etire

espalda
....
akyi

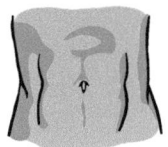

vientre
....
afro

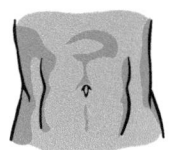

ombligo
....
fruma

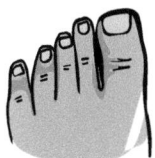

dedo del pie
....
nansoa

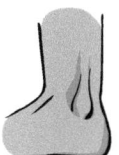

talón
....
nantini

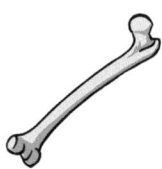

hueso
....
dompe

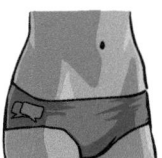

cadera
....
ataasɔɔ

rodilla
....
kotodwe

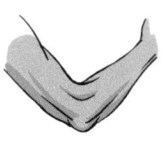

codo
....
abatwɛ

nariz
....
ɛhwene

trasero
....
ɛtoɔ

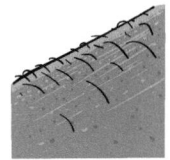

piel
....
wedeɛ

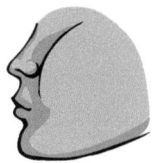

mejilla
....
afono

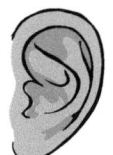

oreja
....
aso

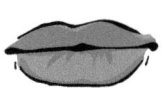

labio
....
ano

boca

anom

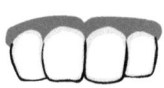

diente

ɛsee

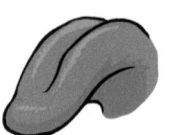

lengua

tɛkyerɛma

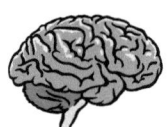

cerebro

adwene

corazón

akoma

músculo

ntini

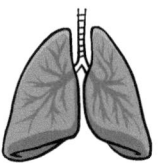

pulmón

aharawa

hígado

brɛboɔ

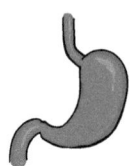

estómago

yafunu

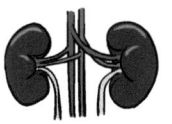

riñones

asaa

relación sexual

nna

condón

kɔndɔm

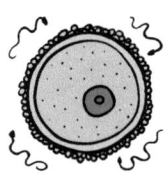

Óvulo

ɔbaa nkosua

esperma

barima ho nsuo

embarazo

nyinsɛn

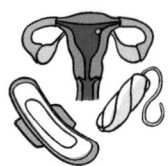

menstruación
....
nsabuo

vagina
....
ɛtwɛ

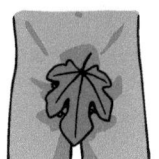

pene
....
kɔteɛ

ceja
....
anintɔn

cabello
....
enwin

cuello
....
ɛkɔn

hospital

ayaresabea

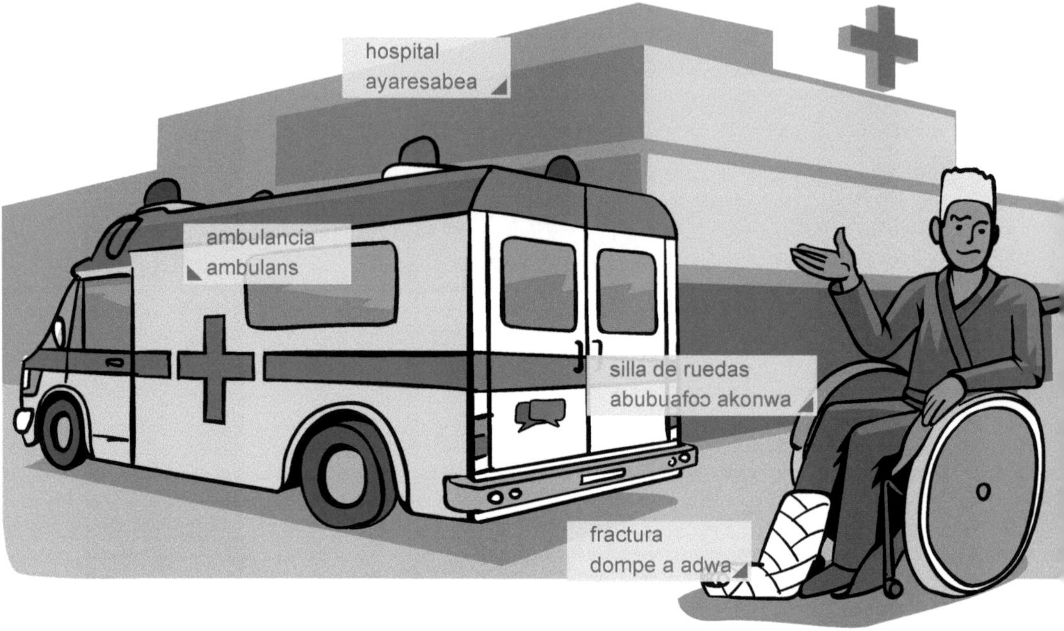

hospital
ayaresabea
ambulancia
ambulans
silla de ruedas
abubuafoɔ akonwa
fractura
dompe a adwa

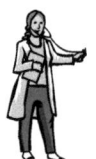

médico

dɔkota

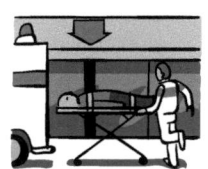

admisión de urgencia

ɛdan a wɔde putupru nsɛm kɔmu

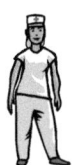

enfermera

nɛɛse

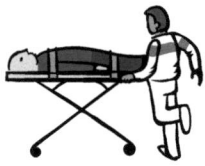

emergencia

putupru

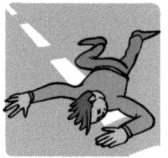

inconsciente

wɔ atwa ahwe

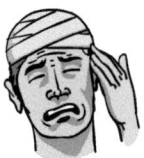

dolor

yea

lesión

epira

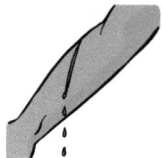

hemorragia

mogyatuo

infarto de miocardio

akoma yarenini

apoplejía cerebral

stroke yareɛ

alergia

allegyi

tos

ɛwa

fiebre

ahoɔhyeɛ

gripe

papu

diarrea

ayamtuo

dolor de cabeza

tipaeɛ

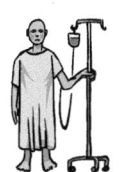

cáncer

kokoram

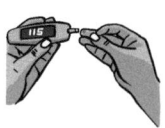

diabetes

asikyire yareɛ

cirujano

dɔkota a ɛyɛ oprehyɛn

escalpelo

skapɛl sekan

operación

aprehyɛn

TC
CT

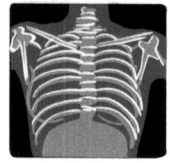

rayos X
x-ray

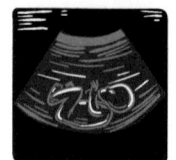

ultrasonido
ultrasound

máscara
nkatanim

enfermedad
yareɛ

sala de espera
ɛdan a wɔ twɛn mu

muleta
krɔhyes

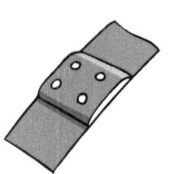

emplasto
plasta

vendaje
banege

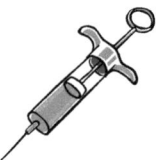

inyección
paneɛ

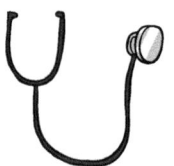

estetoscopio
Stetoskop

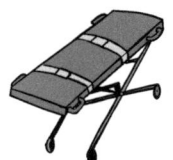

camilla
ahomankaa

termómetro
afidie a esusu ahoɔhyeɛ

nacimiento
awoɔ

sobrepeso
kɛseɛ mmorosoɔ

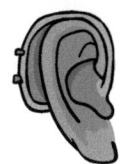

audífono

afidie a ɛboa asɛmtie

desinfectante

aduro a ekum mmoawa

infección

yareɛ a mmoawa deba

virus

vaarɔs

VIH / SIDA

HIV / AIDS

medicina

aduro

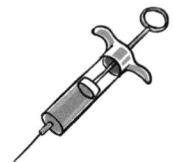

vacunación

aduro a esi yareɛ ano

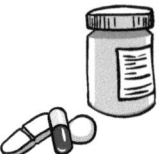

comprimido

aduro tablɛte

píldora anticonceptiva

topaeɛ

llamada de emergencia

ɔfrɛ wɔ putupru so

medidor de presión arterial

afidie a esusu mogya mmrosoɔ

enfermo / saludable

yareɛ / apomuden

¡Ayuda!

Boa me!

alarma

kɔkɔbɔ

asalto

ɛborɔ

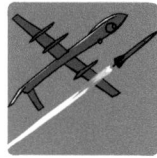

ataque

ato ahyɛ obi so

peligro

ɛyɛ hu

salida de emergencia

baabi a yɛfa de pue putupru
so

¡Fuego!

Ogya!

extintor

afidie a yɛde dumgya

accidente

nkwanhyia

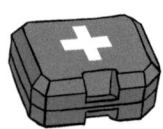

kit de primeros auxilios

nneɛma yɛde sɔ yareɛ ano

SOS

SOS

Policía

polisi

Europa

Yuropo

América del Norte

Amerika atifi

América del Sur

Amerika ananfɔ

África

Abiberm

Asia

Asia

Australia

Australia

Atlántico

Atlantik

Pacífico

Pasifek

Océano Índico

India po kɛseɛ

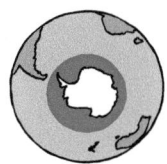

Océano Antártico

Antaatek po keseɛ

Océano Ártico

Aatek po kɛseɛ

Polo Norte

Ewiase atifi

Polo Sur

Ewiase anaafoɔ

Antártida

Antaatek

Tierra

Ewiase

país

asaase

mar

ɛpo

isla

supɔ

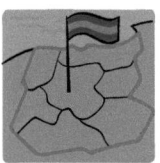

nación

ɔman

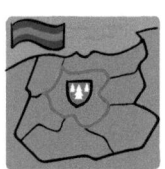

Estado

ɔman

cuadrante

klɔko no anim

horario

dɔnhwere nsa no

minutero

sima nsa

segundero

anitɛtɛ nsa no

¿Qué hora es?

Abɔ sɛn?

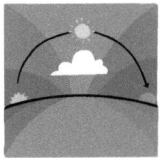

día

da

tiempo

berɛ

ahora

seeseiara

reloj digital

wkye a nɔma wɔ so

minuto

sima

hora

dɔnhwere

semana

nnawɔtwe

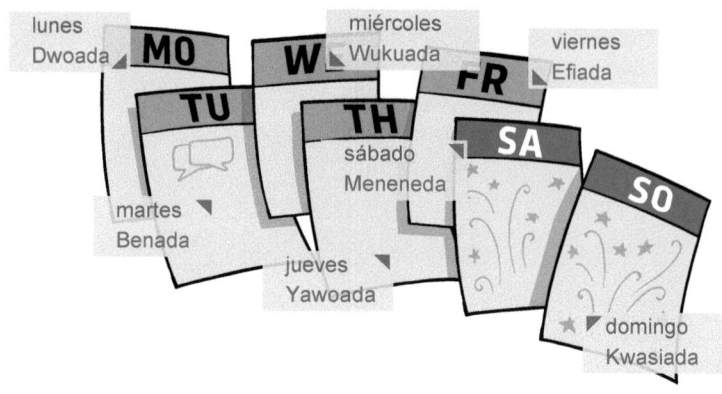

lunes
Dwoada

miércoles
Wukuada

viernes
Efiada

martes
Benada

sábado
Meneneda

jueves
Yawoada

domingo
Kwasiada

ayer

ɛnora

hoy

ɛnora

mañana

ɔkyina

mañana

anɔpa

mediodía

prɛmtobrɛ

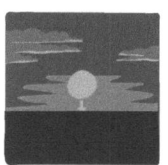

tarde

anwumerɛ

MO	TU	WE	TH	FR	SA	SU
1	2	3	4	5	6	7
8	9	10	11	12	13	14
15	16	17	18	19	20	21
22	23	24	25	26	27	28
29	30	31	1	2	3	4

jornada de trabajo

adwuma nna

MO	TU	WE	TH	FR	SA	SU
1	2	3	4	5	6	7
8	9	10	11	12	13	14
15	16	17	18	19	20	21
22	23	24	25	26	27	28
29	30	31	1	2	3	4

fin de semana

nnawɔtwe awieɛ

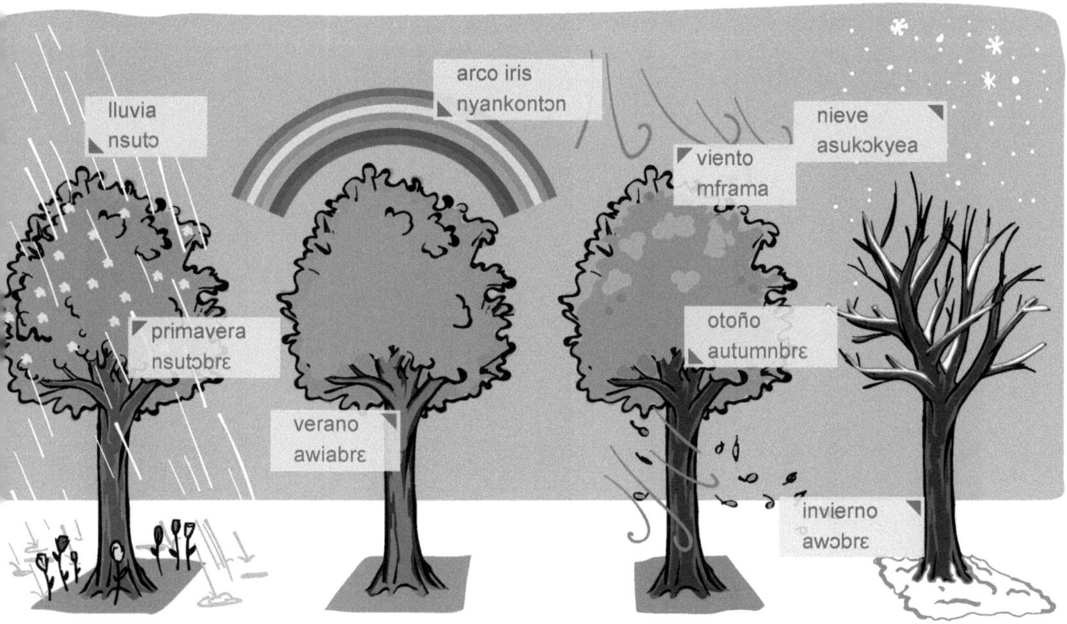

lluvia
nsuto

arco iris
nyankontɔn

viento
mframa

nieve
asukɔkyea

primavera
nsutɔbrɛ

otoño
autumnbrɛ

verano
awiabrɛ

invierno
awɔbrɛ

4.APRIL	11°	☀
5.APRIL	4°	🌧
6.APRIL	13°	🌧
7.APRIL	8°	❄
8.APRIL	10°	☀

pronóstico meteorológico
....
ewiem nsakrɛeɛ

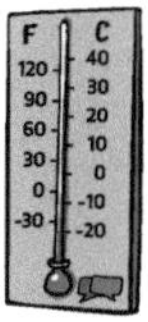

termómetro
....
afidie a esusu ade ho hyeɛ

luz solar
....
awiabɔ

nube
....
munukum

niebla
....
ɛbɔ

humedad ambiente
....
ewiem nsuo

relámpago

ayerɛmo

trueno

apranaa

tormenta

ehum

granizo

asukɔkyea

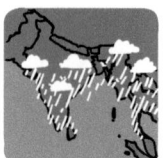

monzón

monsoonbrɛ

inundación

nsuyiri

hielo

aise

enero

ɔpɛpɔn

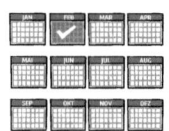

febrero

ɔgyefoɔ

marzo

ɔbɛnem

abril

Oforisuo

mayo

Kotonimaa

junio

Ayɛwohomumu

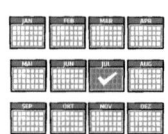

julio

Kitawonsa

agosto

ɔsanaa

82   año - afe

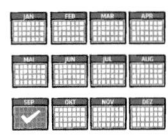

septiembre
....
εbɔ

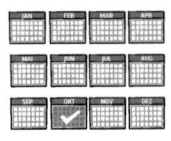

octubre
....
Ahinime

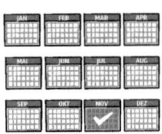

noviembre
....
Obubuo

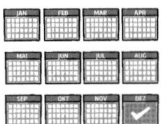

diciembre
....
ɔpεnimaa

formas
abosuo

círculo
....
kanko

cuadrado
....
sokwεε

rectángulo
....
rεktangel

triángulo
....
triangel

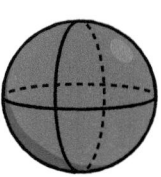

esfera
....
krukruwa

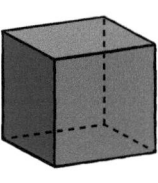

cubo
....
adaka

blanco

fitaa

amarillo

akokɔ sradeɛ

anaranjado

ankaa

rosa

pink

rojo

kɔkɔɔ

lila

pɛpol

azul

bruu

verde

ahaban mono

marrón

braun

gris

nson

negro

tuntum

mucho / poco

pii / ketewa

enojado / calmado

wo boafu / wɔ adwo

bonito / feo

ɛyɛ fɛ / ɛyɛ tan

comienzo / fin

ahyɛseɛ / awieɛ

grande / pequeño

kɛseɛ / esua

claro / oscuro

ɛha / esum

hermano / hermana

nuabarima / nuabaa

limpio / sucio

ɛho te / ayɛ fin

completo / incompleto

awie / enwieɛ

día / noche

awia / anadwo

muerto / vivo

awu / ɛte ase

ancho / angosto

emubae / ɛyɛ tea

disfrutable / no disfrutable

yɛde /yɛnni

malo / amigable

bɔne / tema

excitado / aburrido

wɔ aniagye / wɔ ani nka

gordo / delgado

ɔso / teatea

primero / último

edikan / etwatɔɔ

amigo / enemigo

adamfoɔ / atamfo

lleno / vacío

ayɛ mma / hwee nim

duro / suave

ɛdenden / mmerɛ mmerɛ

pesado / liviano

ɛyɛ duru / ɛyɛ ha

hambre / sed

ɛkɔm / nsukɔm

enfermo / saludable

yareɛ / apomuden

ilegal / legal

etia mmara / ɛwɔ mmara mu

inteligente / tonto

nyansa / gyimi

izquierda / derecha

benkum / nifa

cercano / lejano

ɛbɛn / akyire

nuevo / usado

foforɔ / dada

nada / algo

hwee / biribi

viejo / joven

wɔ anyini/ ɔsua

encendido / apagado

sɔ /dum

abierto / cerrado

bue / tom

bajo / fuerte

dinn / dede

rico / pobre

ɔdefoɔ / ohia

correcto / incorrecto

nifa / benkum

áspero / liso

werewerɛwerewerɛ /
trontron

triste / alegre

awerɛhoɔ / anigyeɛ

breve / extenso

tietia / tenten

lento / veloz

nyaa / ntɛm

mojado / seco

afo / awɔ

caliente / frío

dedɛɛdeɛɛ / adwo

guerra / paz

akoo / asomdweɛ

opuestos - abirabɔ

0

cero

hwee

1

uno

baako

2

dos

mienu

3

tres

meɛnsa

4

cuatro

ɛnan

5

cinco

enum

6

seis

nsia

7

siete

nson

8

ocho

nwɔtwe

9

nueve

nkron

10

diez

edu

11

once

du-baako

12

doce

du-mienu

13

trece

du-meɛnsa

14

catorce

du-nan

15

quince

du-num

16

dieciséis

du-nsia

17

diecisiete

de-nson

18

dieciocho

du-nwɔtwe

19

diecinueve

du-nkron

20

veinte

aduonu

100

cien

ɔha

1.000

mil

apem

1.000.000

millón

ɔpepem

inglés

Brɔfo

inglés estadounidense

Amerikafoɔ Brɔfo

chino mandarín

Chainfoɔ Mandarin

hindi

Hindi

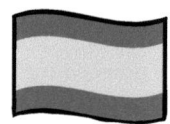

español

Spainfoɔ kasa

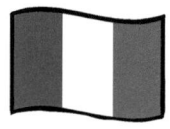

francés

French kasa

árabe

Arabia kasa

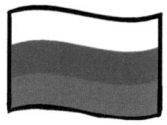

ruso

Russianfoɔ kasa

portugués

Portugalfoɔ kasa

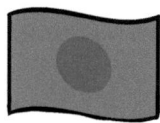

bengalí

Bengali

alemán

Germanfoɔ kasa

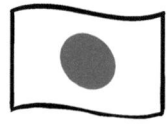

japonés

Japanfoɔ kasa

yo

Me

tú

wo

él / ella

ono

nosotros

yɛn

vosotros

wo

ellos

ɔmmo

¿quién?

hwan?

¿qué?

deɛ bɛn?

¿cómo?

ɛyɛ deɛn?

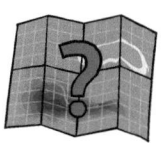

¿dónde?

ehen?

¿cuándo?

dabɛn?

nombre

edin

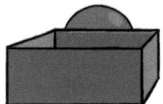

detrás

akyire

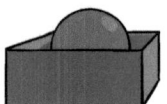

en

emu

delante de

anim

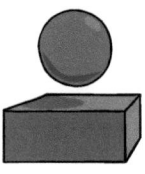

encima de

ɛsoro

sobre

ɛso

debajo de

aseɛ

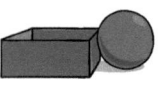

junto a

nkyɛn

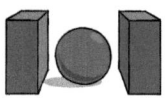

entre

ntɛm

lugar

beaɛ